Projeto

LUMIRÁ

HISTÓRIA, GEOGRAFIA E CIÊNCIAS 1

Organizadora: Editora Ática S.A.
Obra coletiva concebida pela Editora Ática S.A.
Editora responsável: Heloisa Pimentel

Material de apoio deste volume:

- Cartonados e adesivos

editora ática

editora ática

Diretoria editorial
Lidiane Vivaldini Olo
Gerência editorial
Luiz Tonolli
Editoria de Ciências Humanas
Heloisa Pimentel
Edição
Heloisa Pimentel
Thamirys Gênova da Silva e Mariana Renó Faria (estagiárias)
Gerência de produção editorial
Ricardo de Gan Braga
Arte
Andréa Dellamagna (coord. de criação)
Talita Guedes (progr. visual de capa e miolo),
Claudio Faustino (coord.),
Elen Coppini Camioto (edição),
Luiza Massucato (assis.) e
Anexo Produção Editorial (diagram.)
Revisão
Hélia de Jesus Gonsaga (ger.),
Rosângela Muricy (coord.),
Ana Curci, Luís Maurício Boa Nova e Vanessa de Paula Santos;
Brenda Morais e Gabriela Miragaia (estagiárias)
Iconografia
Sílvio Kligin (superv.),
Denise Durand Kremer (coord.),
Roberta Freire (pesquisa),
Cesar Wolf e Fernanda Crevin (tratamento de imagem)
Ilustrações
Estúdio Icarus CI – Criação de Imagem (capa),
Camila de Godoy, Ilustra Cartoon, Eliana Delarissa,
Will, Jorge Zaiba, Tati Moes, Carolina Sartório, Patrícia Paulozi,
Mousebox e Camila Sampaio (miolo)

Avenida das Nações Unidas, 7221, 3º andar, Setor A
Pinheiros – São Paulo – SP – CEP 05425-902
Tel.: 4003-3061
www.atica.com.br / editora@atica.com.br

Dados Internacionais de Catalogação na Publicação (CIP)
(Câmara Brasileira do Livro, SP, Brasil)

Projeto Lumirá: história, geografia, ciências : 1º ano, ensino fundamental, anos iniciais / editora responsável Heloisa Pimentel ; obra didática de natureza coletiva produzida e organizada pela Editora Ática. -- 2. ed. -- São Paulo : Ática, 2016. -- (Projeto Lumirá : história, geografia, ciências)

Bibliografia.

1. Ciências (Ensino fundamental) 2. Geografia (Ensino fundamental) 3. História (Ensino fundamental) 4. Livros-texto (Ensino fundamental) I. Pimentel, Heloisa. II. Série.

16-02161 CDD–372.19

Índice para catálogo sistemático:

1. Ensino integrado : Livros-texto : Ensino fundamental 372.19

2017

ISBN 978 85 08 17894 0 (AL)
ISBN 978 85 08 17895 7 (PR)
Cód. da obra CL 739143
CAE 565 967 (AL) / 565 968 (PR)

2ª edição
4ª impressão

Impressão e acabamento
A.R. Fernandez

Elaboração de originais

Maria Viana

Bacharela em Letras Português-Francês pela Universidade de São Paulo (USP)
Mestra em Culturas e Identidades Brasileiras pelo Instituto de Estudos Brasileiros da Universidade de São Paulo (IEB-USP)
Autora de livros didáticos e obras de literatura para crianças e jovens.
Dedica-se também à edição de livros de literatura e didáticos

Marianka Gonçalves Santa Bárbara

Licenciada em Letras pela Universidade de Campina Grande (UFCG-PB)
Mestra em Linguística Aplicada pela Pontifícia Universidade Católica de São Paulo (PUC-SP)
Professora da Cogeae-PUC-SP

Revisão técnica e apoio pedagógico

Daniela de Arruda Guariglia

Licenciada em Pedagogia pela Universidade de São Paulo (USP)
Pós-graduada (*lato sensu*) em Moralidade Infantil pela Universidade de Franca (SP)
Professora e coordenadora de Educação Infantil e do Ensino Fundamental da rede particular de ensino de São Paulo

Maria Fernanda Klaumann Canovas

Bacharela em Letras pela Universidade de São Paulo e licenciada em Pedagogia pelo Centro Universitário Claretiano (SP)
Pós-graduada (*lato sensu*) em Moralidade Infantil pela Universidade de Franca (SP)
Professora de Educação Infantil e do Ensino Fundamental da rede particular de ensino de São Paulo

Projeto **LUMIRÁ**

ESTE É O SEU LIVRO DE **HISTÓRIA, GEOGRAFIA E CIÊNCIAS DO 1º ANO**.

ESCREVA AQUI O SEU NOME:

____

____

ESTE LIVRO VAI AJUDAR VOCÊ A INVESTIGAR O MUNDO E A DESCOBRIR MAIS SOBRE VOCÊ, A FAMÍLIA, A ESCOLA E O AMBIENTE EM QUE VIVE.

MÃOS À OBRA!

CARO ALUNO

VOCÊ ESTÁ COMEÇANDO SEU ANO ESCOLAR. AO LONGO DESSE TEMPO, VOCÊ VAI APRENDER COISAS NOVAS E IMPORTANTES PARA O SEU DIA A DIA E PARA O FUTURO, COMO:

- LER E ESCREVER, RECONHECENDO PALAVRAS, SONS E TEXTOS;
- IDENTIFICAR NÚMEROS, OPERAÇÕES E FIGURAS;
- CONHECER O CORPO HUMANO, OS ANIMAIS E A NATUREZA;
- DESVENDAR O LUGAR EM QUE VIVEMOS;
- ENTENDER A HISTÓRIA DAS PESSOAS E DAS CIDADES.

O **PROJETO LUMIRÁ** VAI SER SEU COMPANHEIRO. NELE VOCÊ VAI ENCONTRAR TEXTOS, ATIVIDADES, JOGOS, ILUSTRAÇÕES E FOTOGRAFIAS MUITO INTERESSANTES. VOCÊ VAI APRENDER, PARTICIPAR DAS DESCOBERTAS E SE DIVERTIR MUITO.

BOM ESTUDO!

COMO É O MEU LIVRO?

ABERTURA

VOCÊ OBSERVA A IMAGEM, RESPONDE ÀS QUESTÕES E TROCA IDEIAS COM OS COLEGAS E O PROFESSOR SOBRE O QUE VAI ESTUDAR.

CAPÍTULOS

TEXTOS, FOTOGRAFIAS, ILUSTRAÇÕES E ATIVIDADES VÃO MOTIVAR VOCÊ A PENSAR, QUESTIONAR E APRENDER.

RECREIO

AQUI VOCÊ ENCONTRA ATIVIDADES E BRINCADEIRAS PARA APRENDER CADA VEZ MAIS DE UM JEITO DIVERTIDO.

ÍCONE

ATIVIDADE ORAL

LEITURA DE IMAGEM

SAÚDE EM FAMÍLIA

VOCÊ JÁ PENSOU QUE CUIDAR DA SAÚDE É MAIS DO QUE CUIDAR DO CORPO? CUIDAR DOS SENTIMENTOS TAMBÉM É CUIDAR DA SAÚDE.

CONVERSE SOBRE ISSO COM OS COLEGAS E O PROFESSOR. DEPOIS ANALISE AS IMAGENS A SEGUIR.

OBSERVE

1 FAMÍLIA FAZENDO COMPRAS EM MERCADO.

2 FAMÍLIA ANDANDO DE BICICLETA.

ANALISE

1. DESCREVA AS PESSOAS DA IMAGEM 1 E O QUE ELAS ESTÃO FAZENDO.
2. QUE SENTIMENTOS VOCÊ PODE PERCEBER NAS PESSOAS DAS DUAS IMAGENS?
3. NA IMAGEM 2, AS PESSOAS ESTÃO USANDO ALGO QUE CHAMOU SUA ATENÇÃO? SE SIM, POR QUE VOCÊ ACHA QUE ELAS ESTÃO USANDO ISTO?

RELACIONE

4. AS ATITUDES E EXPRESSÕES DAS PESSOAS NAS DUAS FOTOS INDICAM QUE ELAS LEVAM UMA VIDA SAUDÁVEL? EXPLIQUE.
5. QUE TÍTULO VOCÊ DARIA PARA CADA UMA DAS IMAGENS? POR QUÊ?
6. DESENHE NO CADERNO O QUE VOCÊ GOSTA DE FAZER COM SUA FAMÍLIA NOS FINS DE SEMANA.

LEITURA DE IMAGEM

AQUI VOCÊ VAI FAZER UM TRABALHO COM IMAGENS. AS FOTOGRAFIAS AJUDAM VOCÊ A REFLETIR SOBRE OS TEMAS ESTUDADOS: O QUE É PARECIDO COM SEU DIA A DIA, O QUE É DIFERENTE.

LER E ENTENDER

DIFERENTES TEXTOS E UM ROTEIRO DE LEITURA VÃO AJUDÁ-LO A LER CADA VEZ MELHOR.

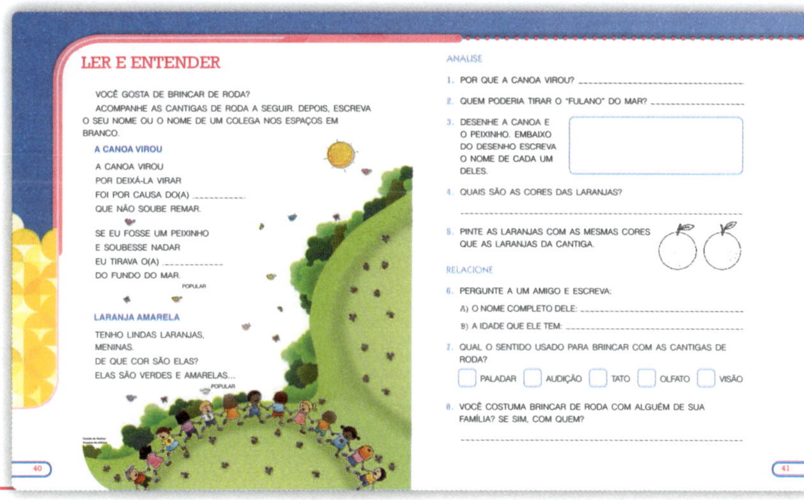
LER E ENTENDER

VOCÊ GOSTA DE BRINCAR DE RODA?

ACOMPANHE AS CANTIGAS DE RODA A SEGUIR. DEPOIS, ESCREVA O SEU NOME OU O NOME DE UM COLEGA NOS ESPAÇOS EM BRANCO.

A CANOA VIROU

A CANOA VIROU
POR DEIXÁ-LA VIRAR
FOI POR CAUSA DO(A) ________
QUE NÃO SOUBE REMAR.

SE EU FOSSE UM PEIXINHO
E SOUBESSE NADAR
EU TIRAVA O(A) ________
DO FUNDO DO MAR.

POPULAR

LARANJA AMARELA

TENHO LINDAS LARANJAS,
MENINAS.
DE QUE COR SÃO ELAS?
ELAS SÃO VERDES E AMARELAS...

POPULAR

ANALISE

1. POR QUE A CANOA VIROU? ________
2. QUEM PODERIA TIRAR O "FULANO" DO MAR? ________
3. DESENHE A CANOA E O PEIXINHO. EMBAIXO DO DESENHO ESCREVA O NOME DE CADA UM DELES.
4. QUAIS SÃO AS CORES DAS LARANJAS? ________
5. PINTE AS LARANJAS COM AS MESMAS CORES QUE AS LARANJAS DA CANTIGA.

RELACIONE

6. PERGUNTE A UM AMIGO E ESCREVA:
   A) O NOME COMPLETO DELE: ________
   B) A IDADE QUE ELE TEM: ________
7. QUAL O SENTIDO USADO PARA BRINCAR COM AS CANTIGAS DE RODA?
   ☐ PALADAR ☐ AUDIÇÃO ☐ TATO ☐ OLFATO ☐ VISÃO
8. VOCÊ COSTUMA BRINCAR DE RODA COM ALGUÉM DE SUA FAMÍLIA? SE SIM, COM QUEM?

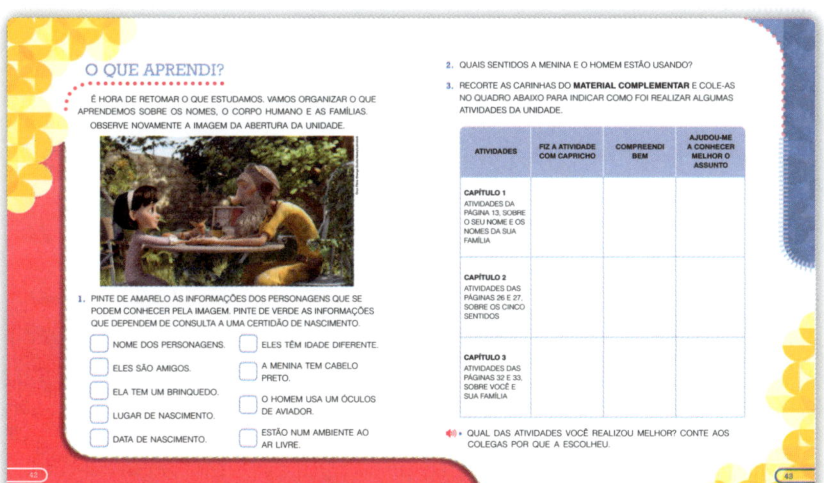
O QUE APRENDI?

É HORA DE RETOMAR O QUE ESTUDAMOS. VAMOS ORGANIZAR O QUE APRENDEMOS SOBRE OS NOMES, O CORPO HUMANO E AS FAMÍLIAS. OBSERVE NOVAMENTE A IMAGEM DA ABERTURA DA UNIDADE.

1. PINTE DE AMARELO AS INFORMAÇÕES DOS PERSONAGENS QUE SE PODEM CONHECER PELA IMAGEM. PINTE DE VERDE AS INFORMAÇÕES QUE DEPENDEM DE CONSULTA A UMA CERTIDÃO DE NASCIMENTO.
   - ☐ NOME DOS PERSONAGENS.
   - ☐ ELES SÃO AMIGOS.
   - ☐ ELA TEM UM BRINQUEDO.
   - ☐ LUGAR DE NASCIMENTO.
   - ☐ DATA DE NASCIMENTO.
   - ☐ ELES TÊM IDADE DIFERENTE.
   - ☐ A MENINA TEM CABELO PRETO.
   - ☐ O HOMEM USA UM ÓCULOS DE AVIADOR.
   - ☐ ESTÃO NUM AMBIENTE AO AR LIVRE.
2. QUAIS SENTIDOS A MENINA E O HOMEM ESTÃO USANDO?
3. RECORTE AS CARINHAS DO **MATERIAL COMPLEMENTAR** E COLE-AS NO QUADRO ABAIXO PARA INDICAR COMO FOI REALIZAR ALGUMAS ATIVIDADES DA UNIDADE.

ATIVIDADES	FIZ A ATIVIDADE COM CAPRICHO	COMPREENDI BEM	AJUDOU-ME A CONHECER MELHOR O ASSUNTO
CAPÍTULO 1 ATIVIDADES DA PÁGINA 13, SOBRE O SEU NOME E OS NOMES DA SUA FAMÍLIA			
CAPÍTULO 2 ATIVIDADES DAS PÁGINAS 26 E 27, SOBRE OS CINCO SENTIDOS			
CAPÍTULO 3 ATIVIDADES DAS PÁGINAS 32 E 33, SOBRE VOCÊ E SUA FAMÍLIA			

- QUAL DAS ATIVIDADES VOCÊ REALIZOU MELHOR? CONTE AOS COLEGAS POR QUE A ESCOLHEU.

O QUE APRENDI?

AQUI VOCÊ ENCONTRA ATIVIDADES PARA PENSAR NO QUE APRENDEU, MOSTRAR O QUE JÁ SABE E REFLETIR SOBRE O QUE PRECISA MELHORAR.

SUMÁRIO

Onyx Films /Orange Studio/Alamy/Latinstock

Reprodução/Instituto de Arte de Chicago, EUA.

UNIDADE 1

UNIDADE 2

Camila de Godoy/Arquivo da editora

Camila de Godoy/Edição de arte

UNIDADE 3

UNIDADE 4

UNIDADE 1

QUEM SOU EU

CENA DO FILME **O PEQUENO PRÍNCIPE**. DIREÇÃO DE MARK OSBORNE. FRANÇA: PARIS FILMES, 2015.

- OBSERVANDO A IMAGEM, O QUE PODEMOS SABER SOBRE A MENINA?
- E O QUE PODEMOS SABER SOBRE O HOMEM?
- SE VOCÊ PUDESSE ENTREVISTÁ-LOS, QUE PERGUNTAS FARIA PARA SABER QUEM ELES SÃO?
- HÁ UMA PEQUENA RAPOSA DE PANO SOBRE A MESA. QUE DIFERENÇAS E SEMELHANÇAS HÁ ENTRE O CORPO HUMANO E O CORPO DE UMA RAPOSA?

Onyx Films /Orange Studio/Alamy/Latinstock

CAPÍTULO 1

TODO MUNDO TEM UM NOME

SEU NOME

ESCUTE O TEXTO QUE O PROFESSOR VAI LER.

ROSITA MARIA ANTONIA MARTINS DA SILVA ERA UM NOME TÃO GRANDE QUE PINICAVA. [...]

ROSITA FOI A AVÓ QUEM QUIS.

MARIA ANTONIA, O IRMÃO.

MARTINS DA MÃE.

DA SILVA DO PAI.

O PROBLEMA TODO É QUE NINGUÉM PERGUNTA PRA GENTE COM QUAL NOME QUER NASCER!

TERIA ESCOLHIDO ROSITA! MAIS NADA.

ESSE TEXTO FOI RETIRADO DO LIVRO **ROSITA MARIA ANTONIA MARTINS DA SILVA**, DE ANA TERRA. SÃO PAULO: LAROUSSE JÚNIOR, 2009. P. 1-10.

Eliana Delarissa/Arquivo da editora

AS PESSOAS TÊM NOME E SOBRENOME.

O SOBRENOME INDICA A FAMÍLIA DA PESSOA.

ALGUMAS PESSOAS TAMBÉM TÊM APELIDO.

Eliana Delarissa/Arquivo da editora

1 O NOME COMPLETO DA PERSONAGEM DA HISTÓRIA É ROSITA MARIA ANTONIA MARTINS DA SILVA.

E O SEU NOME COMPLETO, QUAL É? ESCREVA ABAIXO.

____

____

2 VOCÊ TEM APELIDO? QUAL É?

____

____

3 QUAL É O NOME COMPLETO DA SUA MÃE?

____

4 E O DO SEU PAI?

____

5 PINTE O QUE É IGUAL NOS NOMES QUE VOCÊ ESCREVEU.

6 PESQUISE EM CASA A HISTÓRIA DO SEU NOME: QUEM O ESCOLHEU, POR QUE ELE FOI ESCOLHIDO. DEPOIS CONTE AOS COLEGAS.

OS DOCUMENTOS

VOCÊ SABE O QUE AS PESSOAS USAM PARA SER IDENTIFICADAS?

OS **DOCUMENTOS PESSOAIS** SERVEM PARA IDENTIFICAR UMA PESSOA, OU SEJA, PARA MOSTRAR QUEM ELA É.

1 ASSINALE OS DOCUMENTOS QUE VOCÊ CONHECE E DIGA O QUE SABE SOBRE ELES.

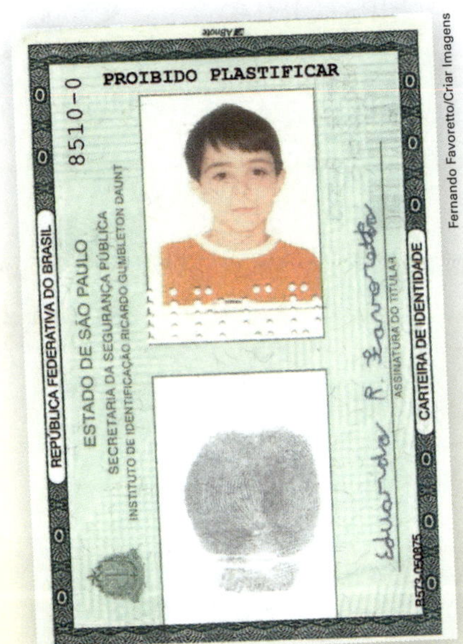

Fernando Favoretto/Criar Imagens

Ana Vidotti/Arquivo da editora

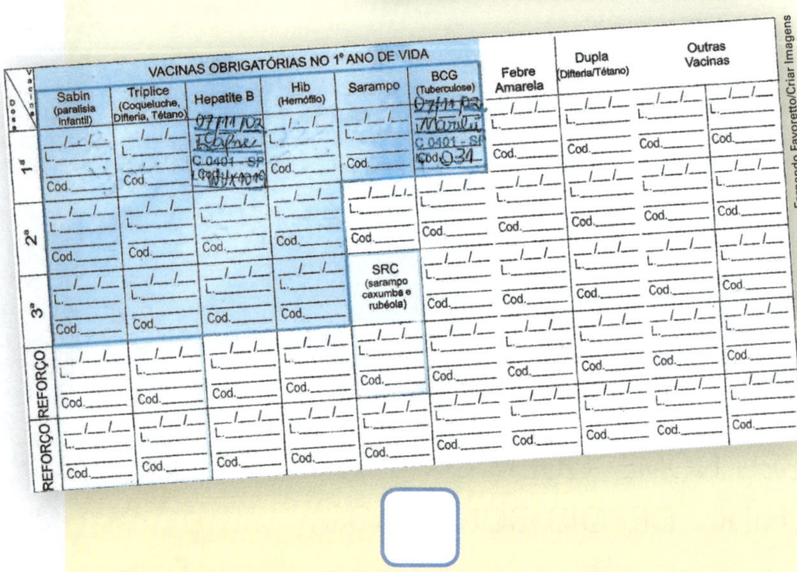

Fernando Favoretto/Criar Imagens

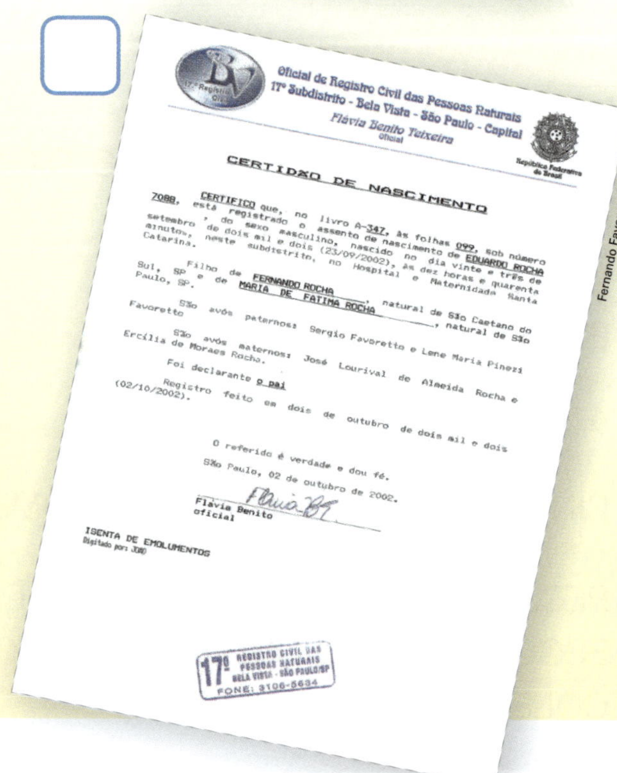

Fernando Favoretto/Criar Imagens

Ilustrações: Eliana Delarissa/Arquivo da editora

2 DESENHE VOCÊ.

3 CONTE COMO VOCÊ É.

ATIVIDADES DO CAPÍTULO

1. OUÇA ESTA HISTÓRIA QUE O PROFESSOR VAI LER.

DONA CHICA CHAMOU O CHICO. DO CHICO NEM CHEIRO! DONA CHICA FOI XERETAR. O CHICO, DE GALOCHA, CHAPÉU E GUARDA-CHUVA, TOMAVA CHÁ DEBAIXO DO CHUVEIRO!

ESSE TEXTO FOI RETIRADO DO LIVRO **TRAVADINHAS**, DE EVA FURNARI. SÃO PAULO: MODERNA, 1994. P. 3.

Ilustrações: Eliana Delarissa/Arquivo da editora

A) ALGUNS OBJETOS CITADOS NO TEXTO ESTÃO DESENHADOS. CIRCULE A PALAVRA E O DESENHO CORRESPONDENTE COM A MESMA COR.

B) QUEM SÃO OS PERSONAGENS DESSA HISTÓRIA?

____

____

C) O QUE VOCÊ PODE OBSERVAR SOBRE ESSES NOMES?

____

____

____

____

D) NA SUA CLASSE HÁ ALUNOS QUE TÊM NOMES IGUAIS? E NOMES PARECIDOS? CONVERSE SOBRE ISSO COM OS COLEGAS.

2. OBSERVE AS PESSOAS RETRATADAS NAS FOTOGRAFIAS ABAIXO.

Pressmaster/Shutterstock

Arek_malang/Shutterstock

A) QUE CARACTERÍSTICAS DESSAS PESSOAS PODEMOS IDENTIFICAR NAS FOTOGRAFIAS?

B) QUE TAL DAR UM NOME A ELAS? ESCREVA EMBAIXO DA FOTO.

C) ESCOLHA UMA DAS IMAGENS E INVENTE UMA HISTÓRIA SOBRE ELA. CONTE AOS COLEGAS O QUE ESTAVA ACONTECENDO COM A PESSOA NO MOMENTO EM QUE A FOTO FOI TIRADA.

3. MUITAS VEZES, UM LUGAR PÚBLICO RECEBE O NOME DE UMA PESSOA. VEJA AS FOTOS E DIGA O QUE VOCÊ SABE SOBRE ISSO.

Roberto Agápio/Opção Brasil Imagens

PLACA DE RUA NO RIO DE JANEIRO, ESTADO DO RIO DE JANEIRO.

Marcos André/Opção Brasil Imagens

PLACAS NUM CRUZAMENTO DE RUAS EM BELO HORIZONTE, ESTADO DE MINAS GERAIS.

CAPÍTULO

2 MEU CORPO

Will/Arquivo da editora

O CORPO HUMANO

VOCÊ JÁ PENSOU QUANTOS MOVIMENTOS É POSSÍVEL FAZER COM O NOSSO CORPO?

OBSERVE NAS FOTOS A SEGUIR ALGUNS MOVIMENTOS QUE AS PESSOAS PODEM FAZER COM O CORPO.

Grain Belt Pictures/Alamy/Glow Images

mimagephotography/Shutterstock

Picture Partners/Alamy/Glow Images

1 IMITE ALGUNS MOVIMENTOS QUE AS PESSOAS REPRESENTADAS NAS FOTOS ESTÃO FAZENDO.

2 EM ALGUMAS BRINCADEIRAS VOCÊ MOVIMENTA BASTANTE O CORPO. EM DUPLA, FAÇA UMA MÍMICA PARA MOSTRAR UMA BRINCADEIRA AO COLEGA. ELE TEM DE ADIVINHAR QUAL É ESSA BRINCADEIRA.

3 APRENDA ESTA CANÇÃO. CANTE E SACUDA COMO A FORMIGUINHA FAZ.

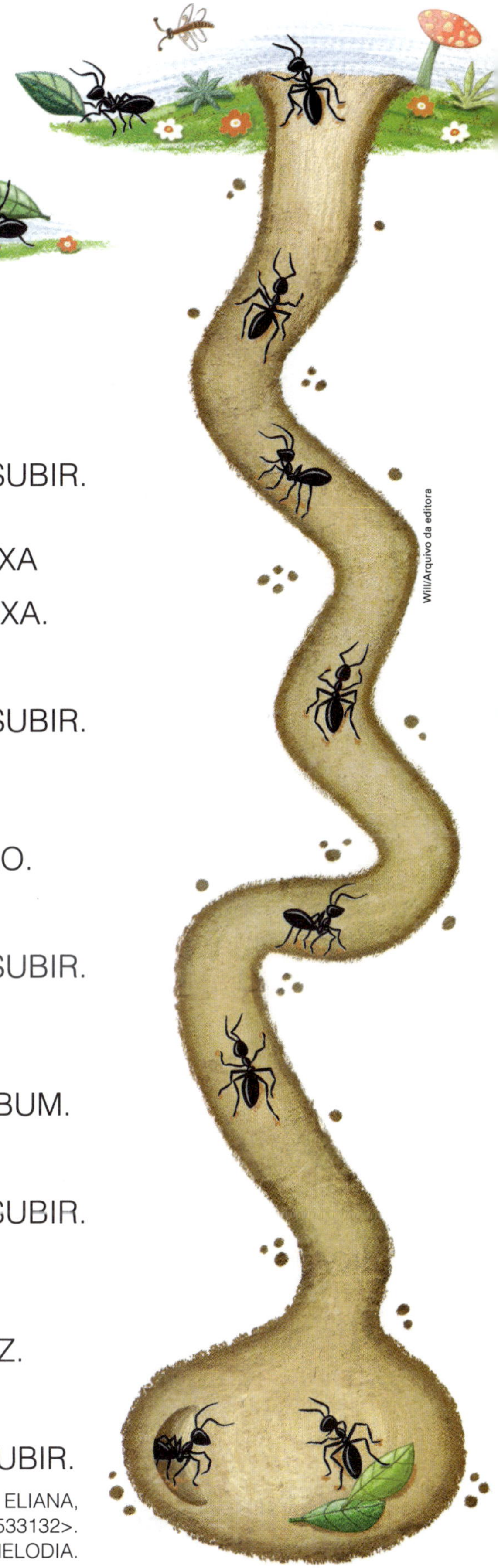

SACUDI, SACUDI

Will/Arquivo da editora

FUI NO MERCADO COMPRAR CAFÉ
E A FORMIGUINHA SUBIU NO MEU PÉ.
EU SACUDI, SACUDI, SACUDI,
MAS A FORMIGUINHA NÃO PARAVA DE SUBIR.

FUI NO MERCADO COMPRAR BATATA-ROXA
E A FORMIGUINHA SUBIU NA MINHA COXA.
EU SACUDI, SACUDI, SACUDI,
MAS A FORMIGUINHA NÃO PARAVA DE SUBIR.

FUI NO MERCADO COMPRAR LIMÃO
E A FORMIGUINHA SUBIU NA MINHA MÃO.
EU SACUDI, SACUDI, SACUDI,
MAS A FORMIGUINHA NÃO PARAVA DE SUBIR.

FUI NO MERCADO COMPRAR JERIMUM
E A FORMIGUINHA SUBIU NO MEU BUMBUM.
EU SACUDI, SACUDI, SACUDI,
MAS A FORMIGUINHA NÃO PARAVA DE SUBIR.

FUI NO MERCADO COMPRAR UM GIZ
E A FORMIGUINHA SUBIU NO MEU NARIZ.
EU SACUDI, SACUDI, SACUDI,
MAS A FORMIGUINHA NÃO PARAVA DE SUBIR.

A LETRA DA CANÇÃO **SACUDI, SACUDI**, DE ELIANA, ESTÁ DISPONÍVEL EM: <HTTP://LETRAS.MUS.BR/ELIANA/533132>. ACESSO EM: 3 OUT. 2015. O *SITE* DISPONIBILIZA TAMBÉM A MELODIA.

- QUE PARTES DO CORPO SÃO CITADAS NA CANÇÃO? CIRCULE-AS.

4 O QUE AS CRIANÇAS RETRATADAS NAS FOTOS ESTÃO FAZENDO? SÃO CUIDADOS IMPORTANTES COM O CORPO? POR QUÊ?

Marta Nardini/Getty Images

Becki Bennett/Getty Images

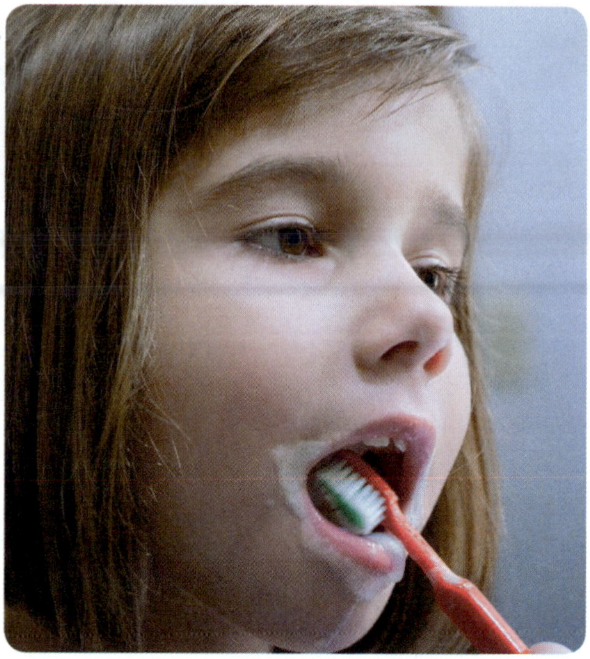

Fotosearch/AGB Photo

Sozaijiten/AGB Photo

5 AS PESSOAS SÃO DIFERENTES. CONHEÇA TRUDI E KIKI, OUVINDO A HISTÓRIA QUE O PROFESSOR VAI LER.

TRUDI E KIKI

ERA UMA VEZ DUAS GAROTAS, A TRUDI E A KIKI.

ELAS TINHAM GOSTOS E DESGOSTOS PARECIDOS.

GOSTAVAM DE PINTAR AS UNHAS COM CORES CHOCANTES, ADORAVAM BRINCAR DE MÍMICA COM O PAI, AMAVAM OUVIR A MÃE CONTAR HISTÓRIAS. DETESTAVAM TER QUE APAGAR A LUZ NA HORA DE DORMIR E ODIAVAM ROUPA QUE PINICAVA.

AS DUAS TINHAM A MESMA IDADE E A MESMA ALTURA. AMBAS ERAM RUIVAS E USAVAM O MESMO CORTE DE CABELO: CHANEL.

APESAR DE TANTAS COISAS PARECIDAS, AS MENINAS TINHAM GRANDES DIFERENÇAS, E A MAIS IMPORTANTE DE TODAS É QUE UMA ERA BRUXA E A OUTRA NÃO.

ESSE TEXTO FOI RETIRADO DO LIVRO **TRUDI E KIKI**, DE EVA FURNARI. SÃO PAULO: MODERNA, 2010. P. 5.

Eliana Delarissa/Arquivo da editora

A) QUEM SÃO OS PERSONAGENS DESSA HISTÓRIA?

B) EXPLIQUE AS SEMELHANÇAS ENTRE AS DUAS MENINAS NA APARÊNCIA.

C) EM QUE ELAS SÃO PARECIDAS NO JEITO DE SER?

D) EM QUE ELAS SÃO DIFERENTES?

OS CINCO SENTIDOS

VOCÊ JÁ QUIS SABER COMO CONSEGUIMOS OUVIR OS SONS? COMO SABEMOS SE ALGO ESTÁ QUENTE OU FRIO? COMO SENTIMOS OS CHEIROS? COMO SABEMOS QUANDO UMA CAMISETA PINICA NO PESCOÇO OU QUANDO ELA É MACIA?

Gabriela Insuratelu/Shutterstock

Tomas K/Shutterstock

Gabriela Insuratelu/Shutterstock

sabza/Shutterstock

1 OBSERVE AS FOTOS E CONVERSE COM OS COLEGAS SOBRE AS PERGUNTAS ACIMA.

2 O QUE ESTÁ REPRESENTADO NAS FOTOS?

____

OS CINCO SENTIDOS SÃO: AUDIÇÃO, VISÃO, OLFATO, TATO E PALADAR. AGORA, FAÇA EXPERIMENTOS PARA EXPLORAR ALGUNS DOS SENTIDOS.

3 COM OS OLHOS FECHADOS, SEGURE E APALPE OS OBJETOS QUE O PROFESSOR VAI APRESENTAR PARA VOCÊ.

A) DIGA SE O OBJETO É MOLE OU DURO, ÁSPERO OU MACIO.

B) IDENTIFIQUE OS OBJETOS.

4 FAÇA UM BINÓCULO DE BRINQUEDO SEGUINDO OS PASSOS ABAIXO.

- MATERIAIS

ROLOS DE PAPEL HIGIÊNICO

FOLHAS DE PAPEL-CELOFANE COLORIDAS

FITAS ADESIVAS COLORIDAS

- COMO FAZER

PASSO 1

PASSO 2

PASSO 3

Ilustrações: Camila de Godoy/Arquivo da editora

A) COM O PROFESSOR, FAÇAM UM PASSEIO PELA ESCOLA E PAREM PARA OBSERVAR A PAISAGEM COM O BINÓCULO.

B) DE VOLTA À SALA, CONTEM O QUE VIRAM AO FAZER O EXPERIMENTO.

USANDO OS SENTIDOS, RECEBEMOS MUITAS INFORMAÇÕES SOBRE O AMBIENTE E TUDO O QUE EXISTE NELE.

1 ESCREVA ABAIXO DE CADA FIGURA O SENTIDO QUE ESTÁ REPRESENTADO. PARA SABER, PRESTE ATENÇÃO NAS INFORMAÇÕES.

- USANDO A AUDIÇÃO, BIA ESCUTA MÚSICA.
- COM A VISÃO, MARIANA LÊ UM LIVRO.
- PEDRO SENTE O PERFUME DA FLOR USANDO O OLFATO.
- LUCAS USA O TATO PARA SENTIR A MACIEZ DOS PELOS DO CÃO.
- GRAÇAS AO PALADAR, CAIO SENTE O GOSTO DA FRUTA.

Ilustrações: Jorge Zaiba/Arquivo da editora

2 COMPLETE O QUADRO ABAIXO COM O NOME DESTES ÓRGÃOS DOS SENTIDOS:

OLHOS	NARIZ	LÍNGUA	ORELHA	PELE

Ilustrações: Jorge Zaiba/Arquivo da editora

	SENTIDO	ÓRGÃO
	AUDIÇÃO	
	PALADAR	
	VISÃO	
	OLFATO	
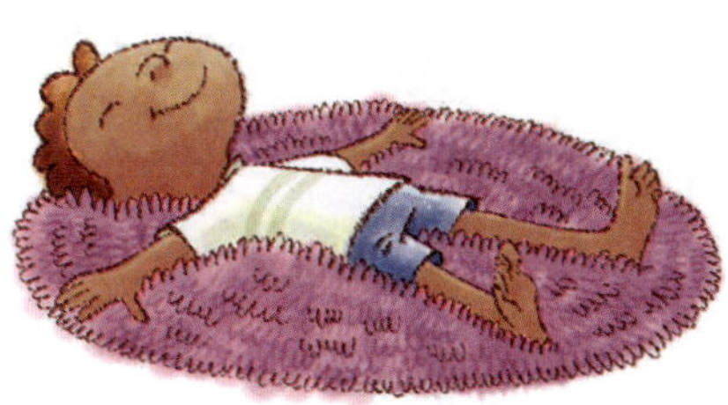	TATO	

3 OS SENTIDOS TAMBÉM NOS AJUDAM NAS RELAÇÕES COM A FAMÍLIA E COM OS AMIGOS. PINTE AS IMAGENS E CONTE AO PROFESSOR E AOS COLEGAS O QUE CADA UMA MOSTRA.

COM UM ABRAÇO DEMONSTRAMOS AMOR E AFETO.

É MUITO BOM SENTIR UM CHEIRINHO GOSTOSO.

QUANDO A FAMÍLIA SE REÚNE, O SABOR DA COMIDA PARECE MELHOR.

Ilustrações: Camila de Godoy/Arquivo da editora

O OLHAR MOSTRA O QUE ESTAMOS SENTINDO.

NUMA CONVERSA, FALAMOS E OUVIMOS.

4 BRINQUE ASSIM COM OS COLEGAS: UM DE VOCÊS PENSA EM UM SENTIMENTO E FAZ UMA EXPRESSÃO COM O ROSTO. OS OUTROS TÊM DE ADIVINHAR QUAL É O SENTIMENTO. VEJA ALGUMAS IDEIAS ABAIXO:

Ilustrações: Camila de Godoy/Arquivo da editora

ATIVIDADES DO CAPÍTULO

1. USE OS ADESIVOS QUE ESTÃO NO **MATERIAL COMPLEMENTAR** PARA COMPLETAR O QUE FALTA NOS ROSTOS ABAIXO.

Ilustrações: Jorge Zaiba/Arquivo da editora

2. PREENCHA A FICHA DO **MATERIAL COMPLEMENTAR**. DÊ A FICHA DE PRESENTE PARA ALGUÉM DE QUEM VOCÊ GOSTA MUITO.

3. ESCUTE A LEITURA DO POEMA E RESPONDA ÀS QUESTÕES.

CHEIROS

QUAL SERÁ O MOTIVO, DE FATO,
POR QUE POETAS NÃO FALAM DO OLFATO?
EU AMO OS CHEIROS – CHEIRO DE MATO,
DE CAFÉ FRESCO, DE DOCE E PUDIM
CEBOLAS FRITAS, TOSTADAS ASSIM –
CHEIRO DE BOAS COMIDAS, ENFIM... [...]

ESSE POEMA, DE CHRISTOPHER MORLEY, FOI RETIRADO DO LIVRO **UM CALDEIRÃO DE POEMAS**, ORGANIZADO POR TATIANA BELINKI. SÃO PAULO: COMPANHIA DAS LETRINHAS, 2007. P. 22.

Jorge Zaiba/Arquivo da editora

A) QUAL DOS CINCO SENTIDOS APARECE NO POEMA? ______________

B) QUAL É O PRINCIPAL ÓRGÃO DESSE SENTIDO? ______________

C) QUE CHEIROS SÃO CITADOS NO POEMA? CIRCULE-OS.

D) DE QUE CHEIROS VOCÊ GOSTA? CONVERSE COM OS COLEGAS.

4. COMPLETE A CRUZADINHA COM O NOME DE CADA SENTIDO.

Ilustrações: Jorge Zaiba/Arquivo da editora

LEITURA DE IMAGEM

INFLUÊNCIAS INDÍGENAS

VOCÊ CONHECE ALGUÉM CHAMADO CAUÃ, TAINÁ OU IARA? CONHECE ALGUMA RUA CHAMADA TUPI OU GUAJAJARAS?

MUITAS DAS PALAVRAS QUE USAMOS VÊM DAS LÍNGUAS FALADAS PELOS POVOS INDÍGENAS BRASILEIROS. MAS NÓS APRENDEMOS MUITO MAIS DO QUE PALAVRAS COM OS INDÍGENAS.

OBSERVE

Fabio Colombini/Acervo do fotógrafo

Fabio Colombini/Acervo do fotógrafo

A FOTO MOSTRA PESSOAS DO POVO GUARANI M'BYÁ, EM PARELHEIROS, ESTADO DE SÃO PAULO. FOTO DE 2009. NA FOTO AO LADO, O BRINQUEDO USADO PELO MENINO.

ANALISE

1. A FOTO MOSTRA PESSOAS EM MOMENTO DE:

- [ ] TRABALHO.
- [ ] LAZER.
- [ ] OBRIGAÇÕES DOMÉSTICAS.

- COMO PODEMOS SABER ISSO?

2. QUE OBJETO A CRIANÇA ESTÁ JOGANDO?

3. VOCÊ CONHECE OU JÁ BRINCOU COM ALGUM BRINQUEDO PARECIDO? COMO ELE ERA?

4. AO FUNDO, VEMOS UM OBJETO QUE PASSOU A SER USADO PELOS INDÍGENAS DA TRIBO MOSTRADA. QUE OBJETO É ESSE?

RELACIONE

5. PESQUISE OUTRAS COISAS QUE APRENDEMOS COM OS INDÍGENAS E COMPLETE O QUADRO:

HÁBITOS ALIMENTARES E COSTUMES	BRINCADEIRAS

CAPÍTULO 3

MINHA FAMÍLIA É ASSIM...

AS FAMÍLIAS SÃO DIFERENTES

COMO É SUA FAMÍLIA? GRANDE OU PEQUENA; COM MUITAS OU POUCAS CRIANÇAS? TIOS, AVÓS E BISAVÓS ESTÃO SEMPRE POR PERTO?

CADA FAMÍLIA É DE UM JEITO. VEJA AS FIGURAS.

Ilustrações: Camila de Godoy/Arquivo da editora

1 CONTE PARA OS COLEGAS: SUA FAMÍLIA SE PARECE COM ALGUMA DAS REPRESENTADAS ACIMA?

2 DESENHE SUA FAMÍLIA.

Camila de Godoy/Arquivo da editora

3 EM SUA FAMÍLIA, QUEM É O MAIS NOVO?

NOME: ______________________ IDADE: ________

- E O MAIS VELHO?

NOME: ______________________ IDADE: ________

- QUEM É O MAIS ALTO?

NOME: ______________________ IDADE: ________

- E O MAIS BAIXO?

NOME: ______________________ IDADE: ________

ATIVIDADES DO CAPÍTULO

1. OUÇA A HISTÓRIA QUE O PROFESSOR VAI LER.

REX E POMPOM SÃO AMIGOS.

REX É UM CACHORRO.

POMPOM É UM GATO.

CONTRARIANDO TODAS AS HISTÓRIAS, SÃO AMIGOS. MUITO AMIGOS.

COMPRADOS NO MESMO DIA, NA MESMA LOJA, PEQUENOS, MUITO PEQUENOS, ENCONTRARAM-SE SEM MÃE, SEM IRMÃOS.

SÓ ELES DOIS E OS HUMANOS.

[...]

ESSE TEXTO FOI RETIRADO DO LIVRO **AMIGOS**, DE LUIS DÍAZ. BELO RIZONTE: FORMATO, 1999. P. 5.

Camila de Godoy/ Arquivo da editora

A) QUEM SÃO OS PERSONAGENS DESSA HISTÓRIA?

____

B) O QUE O TEXTO DIZ SOBRE A FAMÍLIA DOS PERSONAGENS?

____

____

C) INVENTE A CONTINUAÇÃO DA HISTÓRIA.

D) VOCÊ TEM ALGUM ANIMAL DOMÉSTICO? COMO SÃO AS RELAÇÕES ENTRE ANIMAIS DOMÉSTICOS E SERES HUMANOS?

2. TODA FAMÍLIA TEM UMA HISTÓRIA. CONHEÇA UM POUCO SOBRE A FAMÍLIA DE GUILHERME TOMIO SAITO, NA HISTÓRIA QUE O PROFESSOR VAI LER A SEGUIR.

DOBRAS AQUI E ALI

PEDAÇOS DE PAPÉIS COLORIDOS, DEPOIS DE DOBRADOS, VIRAM AS MAIS VARIADAS FIGURAS NAS MÃOS DE GUILHERME TOMIO SAITO, 11, QUE É NETO DE UM IMIGRANTE JAPONÊS, QUE VEIO DE LÁ EM 1936.

É DE LÁ QUE VEM A ARTE DE DOBRAR PAPÉIS, O *ORIGAMI*. ESSA TRADIÇÃO EXISTE DESDE A ANTIGUIDADE E SEMPRE ESTEVE PRESENTE EM DATAS COMEMORATIVAS.

CRAQUE EM MATEMÁTICA, O MENINO EXPLICA QUE O *ORIGAMI* AJUDA NA CONCENTRAÇÃO. “TEM *ORIGAMI* QUE É MAIS DIFÍCIL DO QUE MUITA EQUAÇÃO MATEMÁTICA”, DIZ. ELE JÁ FEZ PINGUIM, CACHORRO, ESTRELA, PIANO, ENTRE OUTRAS FIGURAS. MAS UMA DE SUAS PREFERIDAS É O TRADICIONAL “TSURU”, UM PÁSSARO QUE SIMBOLIZA VIDA LONGA E SAÚDE. DIZEM OS JAPONESES QUE QUEM FAZ MIL “TSURUS” PODE REALIZAR UM DESEJO.

O TEXTO **DOBRAS AQUI E ALI**, DE GABRIELA ROMEU E CLARICE CARDOSO, FOI RETIRADO DA SEÇÃO FOLHINHA, *FOLHA DE S.PAULO*, 26 JAN. 2008. P. 5.

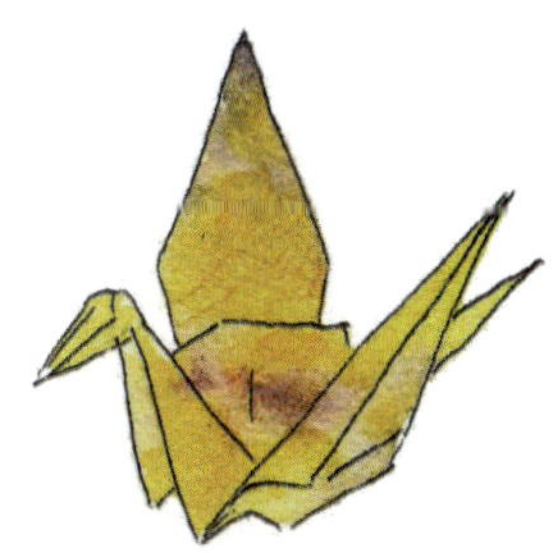

“TSURU”, O PÁSSARO TRADICIONAL DA ARTE JAPONESA DE DOBRAR PAPÉIS.

Ilustrações: Tati Moes/Arquivo da editora

Tati Moes/Arquivo da editora

A) EM QUE PAÍS O AVÔ DE GUILHERME NASCEU?

____

B) COMO SE CHAMA A ARTE JAPONESA QUE O MENINO APRENDEU A FAZER?

____

3. PERGUNTE EM CASA SOBRE A HISTÓRIA DA SUA FAMÍLIA. REGISTRE NAS LINHAS ABAIXO. NA AULA SEGUINTE, CONTE AOS COLEGAS.

4. UMA FORMA DE CONHECER A HISTÓRIA DA FAMÍLIA É OBSERVAR FOTOS ANTIGAS. ASSINALE A FOTO MAIS ANTIGA DE CADA ITEM.

Rob Lewine/Tetra Images/Getty Images

kenny1/Shutterstock/Glow Images

Reprodução/Fototeca Sioma Breitman, Museu Joaquim Felizardo, Porto Alegre, RS.

Rubens Chaves/Pulsar Images

- POR QUE VOCÊ ACHA QUE ESSAS SÃO AS MAIS ANTIGAS? O QUE ELAS TÊM DE DIFERENTE DAS OUTRAS?

5. PEÇA A SEUS FAMILIARES QUE MOSTREM UMA FOTO ANTIGA PARA VOCÊ. FAÇA AS SEGUINTES PERGUNTAS SOBRE ELA:

A) EM QUE ANO A FOTO FOI TIRADA?

____

B) QUEM APARECE NA FOTO?

____

C) MOSTRE A FOTO AOS COLEGAS E FALE SOBRE ELA.

RECREIO

JOGO DOS MOVIMENTOS

MATERIAL

- TABULEIRO
- DADO
- TAMPINHAS DE GARRAFA

NÚMERO DE JOGADORES: 4

1 COLE UMA ETIQUETA SOBRE TAMPINHAS PLÁSTICAS DE GARRAFA. USE OS ADESIVOS DO **MATERIAL COMPLEMENTAR**.

CADA JOGADOR FICA COM UMA TAMPINHA PARA ANDAR PELAS CASAS.

2 MONTE O DADO QUE ESTÁ NO **MATERIAL COMPLEMENTAR**. ELE SERÁ USADO PARA SORTEAR QUEM INICIARÁ O JOGO E QUANTAS CASAS CADA JOGADOR VAI ANDAR.

3 O JOGADOR, NA SUA VEZ, LANÇA O DADO E ANDA O NÚMERO DE CASAS INDICADO. ENTÃO, DEVE SEGUIR AS INSTRUÇÕES DA CASA EM QUE CAIR.

4 GANHA O JOGO QUEM CHEGAR AO FINAL PRIMEIRO.

Ilustrações: Jorge Zaiba/Arquivo da editora

LER E ENTENDER

VOCÊ GOSTA DE BRINCAR DE RODA?

ACOMPANHE AS CANTIGAS DE RODA A SEGUIR. DEPOIS, ESCREVA O SEU NOME OU O NOME DE UM COLEGA NOS ESPAÇOS EM BRANCO.

A CANOA VIROU

A CANOA VIROU
POR DEIXÁ-LA VIRAR
FOI POR CAUSA DO(A) ______________________
QUE NÃO SOUBE REMAR.

SE EU FOSSE UM PEIXINHO
E SOUBESSE NADAR
EU TIRAVA O(A) ______________________
DO FUNDO DO MAR.

POPULAR

LARANJA AMARELA

TENHO LINDAS LARANJAS,
MENINAS.
DE QUE COR SÃO ELAS?
ELAS SÃO VERDES E AMARELAS...

POPULAR

ANALISE

1. POR QUE A CANOA VIROU? ______

2. QUEM PODERIA TIRAR O "FULANO" DO MAR? ______

3. DESENHE A CANOA E O PEIXINHO. EMBAIXO DO DESENHO ESCREVA O NOME DE CADA UM DELES.

4. QUAIS SÃO AS CORES DAS LARANJAS?

______

5. PINTE AS LARANJAS COM AS MESMAS CORES QUE AS LARANJAS DA CANTIGA.

RELACIONE

6. PERGUNTE A UM AMIGO E ESCREVA:

A) O NOME COMPLETO DELE: ______

B) A IDADE QUE ELE TEM: ______

7. QUAL O SENTIDO USADO PARA BRINCAR COM AS CANTIGAS DE RODA?

☐ PALADAR ☐ AUDIÇÃO ☐ TATO ☐ OLFATO ☐ VISÃO

8. VOCÊ COSTUMA BRINCAR DE RODA COM ALGUÉM DE SUA FAMÍLIA? SE SIM, COM QUEM?

______

O QUE APRENDI?

É HORA DE RETOMAR O QUE ESTUDAMOS. VAMOS ORGANIZAR O QUE APRENDEMOS SOBRE OS NOMES, O CORPO HUMANO E AS FAMÍLIAS.

OBSERVE NOVAMENTE A IMAGEM DA ABERTURA DA UNIDADE.

Onyx Films /Orange Studio/Alamy/Latinstock

1. PINTE DE AMARELO AS INFORMAÇÕES DOS PERSONAGENS QUE SE PODEM CONHECER PELA IMAGEM. PINTE DE VERDE AS INFORMAÇÕES QUE DEPENDEM DE CONSULTA A UMA CERTIDÃO DE NASCIMENTO.

- [ ] NOME DOS PERSONAGENS.
- [ ] ELES SÃO AMIGOS.
- [ ] ELA TEM UM BRINQUEDO.
- [ ] LUGAR DE NASCIMENTO.
- [ ] DATA DE NASCIMENTO.
- [ ] ELES TÊM IDADE DIFERENTE.
- [ ] A MENINA TEM CABELO PRETO.
- [ ] O HOMEM USA ÓCULOS DE AVIADOR.
- [ ] ELES ESTÃO NUM AMBIENTE AO AR LIVRE.

2. QUAIS SENTIDOS A MENINA E O HOMEM ESTÃO USANDO?

3. RECORTE AS CARINHAS DO **MATERIAL COMPLEMENTAR** E COLE-AS NO QUADRO ABAIXO PARA INDICAR COMO FOI REALIZAR ALGUMAS ATIVIDADES DA UNIDADE.

ATIVIDADES	FIZ A ATIVIDADE COM CAPRICHO	COMPREENDI BEM	AJUDOU-ME A CONHECER MELHOR O ASSUNTO
CAPÍTULO 1 ATIVIDADES DA PÁGINA 13, SOBRE O SEU NOME E OS NOMES DA SUA FAMÍLIA			
CAPÍTULO 2 ATIVIDADES DAS PÁGINAS 26 E 27, SOBRE OS CINCO SENTIDOS			
CAPÍTULO 3 ATIVIDADES DAS PÁGINAS 32 E 33, SOBRE VOCÊ E SUA FAMÍLIA			

- QUAL DAS ATIVIDADES VOCÊ REALIZOU MELHOR? CONTE AOS COLEGAS POR QUE A ESCOLHEU.

UNIDADE 2

A MORADIA

O NOME DESSA PINTURA É **QUARTO EM ARLES**. FOI FEITA PELO PINTOR VINCENT VAN GOGH, EM 1888. ÓLEO SOBRE TELA.

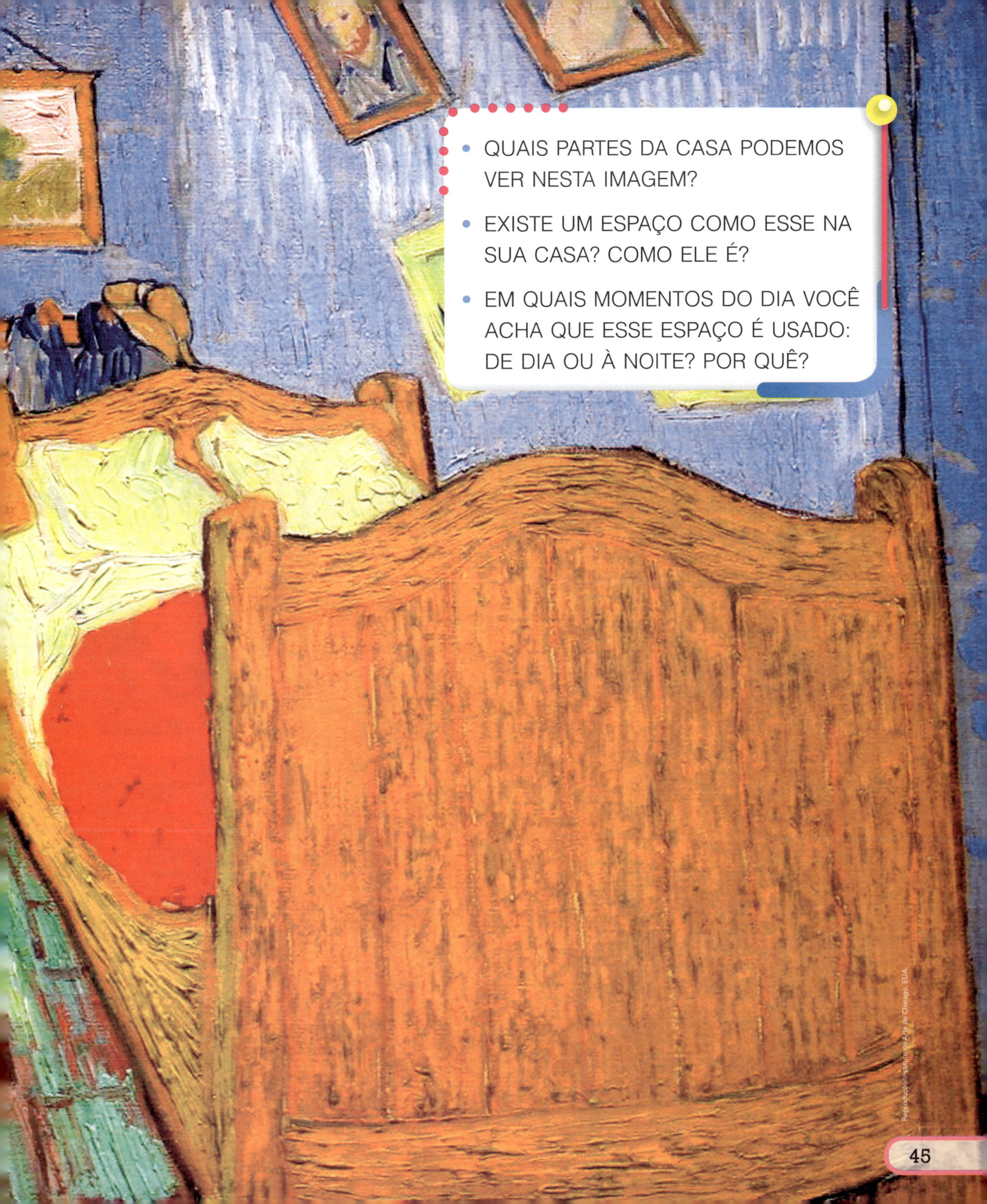

- QUAIS PARTES DA CASA PODEMOS VER NESTA IMAGEM?
- EXISTE UM ESPAÇO COMO ESSE NA SUA CASA? COMO ELE É?
- EM QUAIS MOMENTOS DO DIA VOCÊ ACHA QUE ESSE ESPAÇO É USADO: DE DIA OU À NOITE? POR QUÊ?

Reprodução/Instituto de Arte de Chicago, EUA.

CAPÍTULO 4

JEITOS DE MORAR

CASAS DIFERENTES, LUGARES DIFERENTES

VEJA ONDE ESTA FAMÍLIA MORA. VOCÊ JÁ VIU UMA CASA COM RODAS?

Camila de Godoy/Arquivo da editora

VOCÊ SABE ONDE FICA ESSA CASA?

ESSAS MENINAS SÃO FILHAS DE ARTISTAS DE CIRCO. QUANDO O CIRCO MUDA DE CIDADE, TODA A FAMÍLIA SE MUDA JUNTO, LEVANDO A CASA.

EXISTEM MUITOS OUTROS JEITOS DE MORAR. OBSERVE:

Rubens Chaves/Pulsar Imagens

FOTO DE CASA DE ALVENARIA, NA CIDADE DE PIRAJU, NO ESTADO DE SÃO PAULO, EM 2014.

Rubens Chaves/Pulsar Imagens

FOTO DE CASA DE PALAFITAS NA CIDADE DE CAREIRO DA VÁRZEA, NO ESTADO DO AMAZONAS, EM 2014.

Rubens Chaves/Pulsar Imagens

PRÉDIO DE APARTAMENTOS EM CUIABÁ, NO ESTADO DE MATO GROSSO, EM 2014.

Ricardo Teles/Pulsar Imagens

FOTO DE OCA, NA ALDEIA KAMAYURÁ, NO PARQUE DO XINGU, NO ESTADO DE MATO GROSSO, EM 2014.

1. OS LUGARES EM QUE AS CASAS DAS FOTOS FORAM CONSTRUÍDAS SÃO IGUAIS? QUAIS SÃO AS SEMELHANÇAS E AS DIFERENÇAS?

2. SUA CASA SE PARECE COM ALGUMA DAS CASAS ACIMA? QUAL DELAS? EM QUE ELAS SE PARECEM?

A CONSTRUÇÃO DA CASA

AS IMAGENS DESTA PÁGINA NÃO ESTÃO REPRESENTADAS EM PROPORÇÃO.

PARA CONSTRUIR UMA CASA SÃO NECESSÁRIOS MUITOS MATERIAIS. VEJA ALGUNS DELES:

Sarin Kunthong/Shutterstock
Simon Krzic/Shutterstock/Glow Images
TELHAS

CANOS
Shcherbakov Ilya/Shutterstock/Glow Images

Renato Stockler/Folhapress
CONCRETO

CONCRETO: MASSA FEITA COM UMA MISTURA DE ÁGUA, CIMENTO E AREIA.

exopixel/Shutterstock
MADEIRA

Rubens Chaves/Pulsar Imagens
TIJOLOS

1 VOCÊ CONHECE ALGUNS DESSES MATERIAIS? QUAIS?

2 VOCÊ SABE PARA QUE SERVE CADA UM DELES?

3 CITE OUTRO MATERIAL DE CONSTRUÇÃO QUE NÃO APARECE NAS FOTOS.

4 MUITAS PESSOAS TRABALHAM NA CONSTRUÇÃO DE UMA CASA. OBSERVE AS FIGURAS E COMPLETE AS LEGENDAS COM AS PALAVRAS DO QUADRO.

PEDREIRO	ELETRICISTA	ENCANADOR
MARCENEIRO	PINTOR	SERRALHEIRO

Ilustrações: Carolina Sartório/Arquivo da editora

O ______________________ CUIDA DA ELETRICIDADE. ELE USA FIOS, LÂMPADAS E TOMADAS, ENTRE OUTROS MATERIAIS.

COM TINTA E PINCÉIS, O ______________ PINTA AS PAREDES.

QUEM FAZ PORTÕES E JANELAS É O ______________________.

O ______________________ USA TIJOLO E CONCRETO PARA LEVANTAR PAREDES.

A ÁGUA DA CASA PASSA POR DENTRO DE CANOS. QUEM INSTALA OS CANOS É O ______________________.

QUEM FAZ OS ARMÁRIOS DE MADEIRA É O ______________________.

ATIVIDADES DO CAPÍTULO

1. A CANÇÃO ABAIXO É SOBRE OS TRÊS PORQUINHOS. ELES CONSTRUÍRAM DIFERENTES CASAS PARA SE PROTEGER DO SOPRO DO LOBO MAU:

QUEM TEM MEDO DO LOBO MAU?

COM PALHA EU FAÇO A CASA
PRA NÃO ME ESFORÇAR
NA MINHA CASINHA
EU TOCO A FLAUTINHA
EU GOSTO É DE BRINCAR!

DE VARA É MINHA CASA
É ONDE EU VOU MORAR
MAS EU NÃO ME **AMOFINO**
VOU TOCANDO VIOLINO
O QUE EU GOSTO É DE DANÇAR!

AMOFINAR: SE ABORRECER

Camila de Godoy/Arquivo da editora

EU FAÇO A MINHA CASA
COM PEDRA E COM TIJOLO
PRA TRABALHAR; NÃO SEI DANÇAR
POIS NÃO SOU NENHUM TOLO

ELE NÃO SABE BRINCAR, NEM CANTAR, NEM DANÇAR
SÓ O QUE SABE É TRABALHAR

PODEM RIR, DANÇAR E BRINCAR
QUE NÃO VOU ME ABORRECER
MAS NÃO VAI SER BRINCADEIRA
QUANDO O LOBO APARECER

LETRA DA MÚSICA DE FRANK CHURCHILL "QUEM TEM MEDO DO LOBO MAU?", DO CURTA-METRAGEM **OS TRÊS PORQUINHOS**. DIREÇÃO DE BURT GILLET. ESTADOS UNIDOS: WALT DISNEY, 1933.

Camila de Godoy/Arquivo da editora

A) QUAIS OS PRINCIPAIS MATERIAIS USADOS PELOS PERSONAGENS? SUBLINHE NA CANÇÃO. DEPOIS COPIE AS PALAVRAS ABAIXO.

____

____

B) QUAL DAS CASAS VOCÊ ACHA QUE RESISTIU AO SOPRO DO LOBO? POR QUÊ?

2. COM A AJUDA DE UM ADULTO, OBSERVE QUE MATERIAIS FORAM USADOS PARA CONSTRUIR SUA CASA. ESCREVA O NOME DO MATERIAL UTILIZADO EM CADA PARTE DA CASA NA FICHA ABAIXO.

PARTE DA CASA	MATERIAL
PAREDE	
PORTA	
JANELA	
TELHADO	
PISO	

• POR QUE VOCÊ ACHA QUE ESSES MATERIAIS FORAM UTILIZADOS?

3. QUE TAL COMPLETAR ESTA CASA COM OS ADESIVOS QUE ESTÃO NO **MATERIAL COMPLEMENTAR**? COLE OS ADESIVOS E DEPOIS PINTE AS PARTES QUE ESTÃO EM BRANCO.

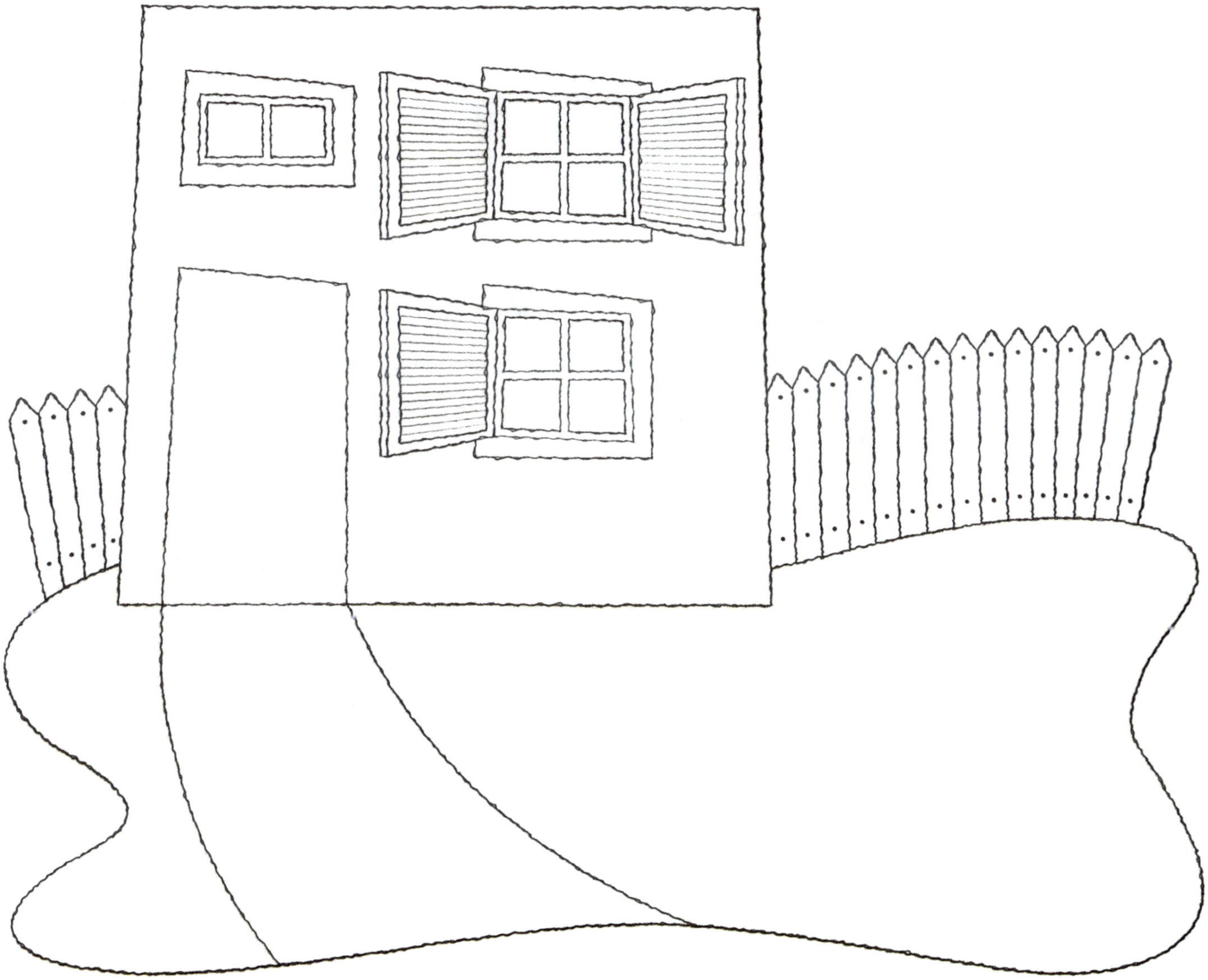

Camila de Godoy/Arquivo da editora

CAPÍTULO 5

O INTERIOR DA CASA

AS PARTES DE UMA CASA

AS CASAS GERALMENTE SÃO DIVIDIDAS EM VÁRIAS PARTES. ESSAS PARTES SÃO CHAMADAS **CÔMODOS**.

1 OBSERVE A IMAGEM.

Camila de Godoy/Arquivo da editora

A) QUE PARTE DA CASA ESTÁ REPRESENTADA NA IMAGEM?

B) QUE MÓVEL AJUDOU VOCÊ A DESCOBRIR ISSO?

C) QUE OUTROS MÓVEIS VOCÊ VÊ NESSE CÔMODO?

2 AS PESSOAS PODEM REALIZAR DIVERSAS ATIVIDADES EM SUAS CASAS. PINTE OS DESENHOS E DEPOIS ASSINALE COM **X** QUAIS ATIVIDADES SÃO REALIZADAS EM SUA CASA.

☐ PREPARAR AS REFEIÇÕES E SE ALIMENTAR.

☐ ESTUDAR E TRABALHAR.

☐ DESCANSAR.

☐ CUIDAR DA HIGIENE.

Ilustrações: Carolina Sanório/Arquivo da editora

A ORGANIZAÇÃO DA CASA

EM CASA USAMOS MUITOS MÓVEIS E OBJETOS QUE FACILITAM NOSSA VIDA. SERÁ QUE ELES SÃO IGUAIS EM TODOS OS LUGARES?

1 ASSINALE O QUE VOCÊ USA PARA DORMIR E PARA COMER:

Johner Images/Alamy/Latinstock

REDE

Forster Forest/Shutterstock

CAMA

Akiko Aoki/Getty Images

TATAME

Radius Images/Latinstock

MESA DE REFEIÇÃO

LifesizeImages/Getty Images

MESA DE REFEIÇÃO

2 É IMPORTANTE MANTER A CASA SEMPRE LIMPA? COM SEUS COLEGAS, EXPLIQUE POR QUE É NECESSÁRIO TER ESTES CUIDADOS:

A) MANTER A CASA VENTILADA.

B) NÃO DEIXAR RESTOS DE ALIMENTOS ESPALHADOS NEM POEIRA ACUMULADA.

C) SEMPRE LAVAR COBERTORES, CORTINAS E TAPETES.

3 VOCÊ SABE POR QUE ALGUNS ALIMENTOS SÃO CONSERVADOS EM GELADEIRA?

A) PEÇA AJUDA DE UM ADULTO PARA OBSERVAR COMO OS ALIMENTOS SÃO GUARDADOS EM SUA CASA.

B) COLE NO QUADRO OS ALIMENTOS QUE DEVEM FICAR DENTRO DA GELADEIRA E OS QUE PODEM FICAR FORA DA GELADEIRA. UTILIZE OS ADESIVOS DO **MATERIAL COMPLEMENTAR**.

DENTRO DA GELADEIRA	FORA DA GELADEIRA

ATIVIDADES DO CAPÍTULO

1. ESCUTE O POEMA QUE O PROFESSOR VAI LER:

Camila de Godoy/Arquivo da editora

A CASA DA DONA RATA

NA CASA DE DONA RATA,
TEM UMA ENORME GOTEIRA.
QUANDO CHOVE, NINGUÉM DORME,
ACORDADO, A NOITE INTEIRA.

A GOTEIRA É TÃO GRANDE
QUE MOLHA A SALA E A COZINHA,
QUARTO, BANHEIRO, DESPENSA
E MAIS DE VINTE RATINHAS.

DONA RATA CONTRATOU
UM RATÃO PARA O CONSERTO:
— DE QUE ADIANTA EU SUBIR,
SE O TELHADO NÃO TEM JEITO?

NÃO TEM JEITO, SEU RATÃO
EXPLIQUE ENTÃO ESSE CASO.
— SUA CASA, DONA RATA,
NÃO TEM TELHA NEM TELHADO.

ESSE POEMA É DE AUTORIA DE SÉRGIO CAPPARELLI E FAZ PARTE DO LIVRO **BOI DA CARA PRETA**. 27. ED. PORTO ALEGRE: LP&M, 1998.

A) QUE PARTES DA CASA APARECEM NO POEMA?

____

____

B) EXISTE MESMO UMA GOTEIRA NA CASA DE DONA RATA? CONVERSE COM O PROFESSOR E OS COLEGAS.

2. OBSERVE A ILUSTRAÇÃO DE UMA CASA. IDENTIFIQUE CADA UM DOS CÔMODOS ESCREVENDO AS PALAVRAS DO QUADRO ABAIXO:

BANHEIRO	SALA	COZINHA	QUARTO

Patricia Paulozi/Arquivo da editora

A) QUANTOS CÔMODOS HÁ NA CASA DA ILUSTRAÇÃO?

B) QUANTOS HÁ EM SUA CASA?

C) EM QUE CÔMODO VOCÊ PASSA MAIS TEMPO? O QUE COSTUMA FAZER NELE?

3. QUE TAL AJUDAR A ORGANIZAR ESTA SALA DE ESTAR? COLE OS ADESIVOS DO **MATERIAL COMPLEMENTAR** ASSIM:

A) **EM CIMA DA MESA DE CENTRO**, O VASO DE FLORES

B) **EMBAIXO** DA JANELA, NO CHÃO, O GATO

C) **À ESQUERDA**, A POLTRONA

D) **À DIREITA**, NA PAREDE, OS QUADROS

Camila de Godoy/Arquivo da editora

- ESCREVA O NOME DE CINCO OBJETOS QUE APARECEM NA FIGURA ACIMA.

4. OBSERVE DUAS FOTOS DE UMA MORADIA INDÍGENA LOCALIZADA NA ALDEIA DEMINI, EM BARCELOS, NO ESTADO DO AMAZONAS.

Fotos: Edson Sato/Pulsar Imagens

INDÍGENAS YANOMAMI DESCANSAM NO INTERIOR DA OCA. FOTO DE 2012.

ADULTOS E CRIANÇAS YANOMAMI NO INTERIOR DA OCA. FOTO DE 2012.

A) O QUE É POSSÍVEL OBSERVAR EM RELAÇÃO ÀS PARTES DESSA MORADIA?

B) OS MATERIAIS UTILIZADOS NESSA MORADIA SÃO OS MESMOS UTILIZADOS EM SUA CASA?

CAPÍTULO 6

A CONVIVÊNCIA EM CASA

DIA A DIA

CADA FAMÍLIA TEM UM JEITO DE ORGANIZAR O SEU DIA A DIA. COMO É A SUA VIDA EM FAMÍLIA?

LEIA A HISTÓRIA EM QUADRINHOS A SEGUIR.

1 QUAL É O LUGAR DE DORMIR NA CASA DO CASCÃO?

2 POR QUE O CASCÃO DIZ QUE NÃO PODE DORMIR NO QUARTO?

3 O QUE A MÃE DO CASCÃO DESCOBRE NO QUARTO DELE?

4 COMO É A SUA HORA DE DORMIR?

SERÁ QUE TODAS AS PESSOAS TÊM ROTINAS IGUAIS? OBSERVE ABAIXO O DIA A DIA DE ALGUMAS FAMÍLIAS.

FAMÍLIA SILVA

Camila de Godoy/Arquivo da editora

FAMÍLIA LIMA

FAMÍLIA OLIVEIRA

1. O QUE AS FAMÍLIAS SILVA, LIMA E OLIVEIRA FAZEM DE IGUAL ÀS 7 HORAS, ÀS 13 HORAS E ÀS 20H30? O QUE FAZEM DE DIFERENTE?

2. QUAL É A ROTINA DA SUA FAMÍLIA?

3. O QUE VOCÊ FAZ DEPOIS QUE VOLTA DA ESCOLA?

4 O CAFÉ DA MANHÃ É UMA REFEIÇÃO MUITO IMPORTANTE. É A PRIMEIRA DO NOSSO DIA. CIRCULE O QUE VOCÊ COSTUMA COMER E BEBER.

Evgeny Karandaev/Shutterstock/Glow Images
SUCO

Jiang Hongyan/Shutterstock/Glow Images
FRUTA

Bola BR/Shutterstock/Glow Images
PÃES

Jiang Hongyan/Shutterstock/Glow Images
QUEIJO

Alexwhite/Shutterstock/Glow Images
LEITE

Ingrid Prats/Shutterstock/Glow Images
CAFÉ COM LEITE

5 VOCÊ REALIZA ALGUMA DAS ATIVIDADES ABAIXO DURANTE O DIA OU À NOITE? ESCREVA **DIA** OU **NOITE** AO LADO DE CADA UMA.

- IR À ESCOLA: ____________________
- BRINCAR NO PARQUE: ____________________
- ASSISTIR À TEVÊ: ____________________
- DORMIR: ____________________

Tati Moes/Arquivo da editora

BOAS ATITUDES

COM A AJUDA DO PROFESSOR, LEIA O QUE CADA CRIANÇA ESTÁ DIZENDO NA TIRINHA ABAIXO.

SERÁ QUE ESSAS ATITUDES AJUDAM A CONVIVÊNCIA ENTRE AS PESSOAS?

RESPEITO E GENTILEZA COM OS OUTROS SÃO NECESSÁRIOS PARA VIVERMOS BEM.

AGORA LEIA ESTA OUTRA TIRINHA COM O PERSONAGEM ARMANDINHO.

1 O QUE ARMANDINHO ESTÁ FAZENDO?

2 QUAL É A REGRA DA CASA DE ARMANDINHO?

3 COMO VOCÊ COSTUMA RECEBER AS PESSOAS NA SUA CASA? COMPARTILHE COM SEUS COLEGAS.

A COLABORAÇÃO, NA ESCOLA E EM CASA, É UMA ATITUDE IMPORTANTE.

OBSERVE AS FOTOS A SEGUIR.

David Young-Wolff/Getty Images

Golden Pixels LLC/Shutterstock

ImageSource/AGB Photo

Fernando Favoretto/Criar Imagem

1 O QUE AS CRIANÇAS ESTÃO FAZENDO?

2 COMO VOCÊ COLABORA COM A ORGANIZAÇÃO DA CASA? E DA ESCOLA?

ATIVIDADES DO CAPÍTULO

1. EM ALGUMAS FAMÍLIAS, AS PESSOAS TÊM O HÁBITO DE DEIXAR BILHETES UMAS PARA AS OUTRAS. ISSO ACONTECE NA SUA FAMÍLIA? QUE BILHETES SUA FAMÍLIA JÁ DEIXOU?

2. OUÇA A LEITURA DESTES BILHETES E DIGA O QUE VOCÊ ACHA QUE ESTÁ ACONTECENDO EM CADA CASO.

Camila de Godoy/Arquivo da editora

3. EXPLIQUE O QUE ESTÁ ACONTECENDO NESTA HISTÓRIA:

Ilustrações: Mousebox/Arquivo da editora

4. ACOMPANHE A LEITURA DO POEMA E CIRCULE OS ALIMENTOS QUE SÃO CITADOS.

QUE DELÍCIA

COMIDA GOSTOSA,
AI QUE COISA LOUCA
QUE SÓ DE PENSAR
ME DÁ AGUA NA BOCA! [...]

BATATA ASSADA,
COM MANTEIGA E SAL
DERRETE NA BOCA
PRAZER SEM IGUAL [...]

E A *PIZZA* ENTÃO –
MUITA MUÇARELA –
TÃO APETITOSA,
TÃO AMARELA. [...]

E MAIS MARAVILHAS,
MAIS MIL GOSTOSURAS
DE FRUTAS, LEGUMES
(E ATÉ DE VERDURAS...)

ESSE POEMA FOI RETIRADO DO LIVRO **UM CALDEIRÃO DE POEMAS**, DE TATIANA BELINKY. SÃO PAULO: COMPANHIA DAS LETRINHAS, 2012. P. 34-37.

Camila de Godoy/Arquivo da editora

5. VOCÊ SABE PREPARAR ALGUMA RECEITA? EXPLIQUE COMO SE FAZ.

RECREIO

O MESTRE DIZ

BRINQUE COM SEUS AMIGOS DE **O MESTRE DIZ**.

NÚMERO DE JOGADORES: LIVRE

COMO JOGAR:

- ESCOLHAM UM ALUNO PARA SER O MESTRE.
- O MESTRE FICA DE FRENTE PARA OS OUTROS. ELE DÁ AS ORDENS SOBRE O TEMA “LÁ EM CASA”.
- OS OUTROS OBEDECERÃO ÀS ORDENS DO MESTRE, FAZENDO MÍMICA.

VEJA ALGUNS EXEMPLOS DE ORDENS:

Ilustrações: Mousebox/Arquivo da editora

Ilustrações: Mousebox/Arquivo da editora

1. O QUE VOCÊ ACHOU DA BRINCADEIRA?

2. O QUE É NECESSÁRIO PARA QUE ELA DÊ CERTO?

3. COM O PROFESSOR, ESCREVA NA LOUSA SUAS CONCLUSÕES.

LEITURA DE IMAGEM

SAÚDE EM FAMÍLIA

VOCÊ JÁ PENSOU QUE CUIDAR DA SAÚDE É MAIS DO QUE CUIDAR DO CORPO? CUIDAR DOS SENTIMENTOS TAMBÉM É CUIDAR DA SAÚDE.

CONVERSE SOBRE ISSO COM OS COLEGAS E O PROFESSOR. DEPOIS ANALISE AS IMAGENS A SEGUIR.

OBSERVE

wavebreakmedia/Shutterstock

FAMÍLIA FAZENDO COMPRAS EM MERCADO.

Spotmatik Ltd/Shutterstock

FAMÍLIA ANDANDO DE BICICLETA.

ANALISE

1. DESCREVA AS PESSOAS DA IMAGEM **1** E O QUE ELAS ESTÃO FAZENDO.

2. QUE SENTIMENTOS VOCÊ PODE PERCEBER NAS PESSOAS DAS DUAS IMAGENS?

3. NA IMAGEM **2**, AS PESSOAS ESTÃO USANDO ALGO QUE CHAMOU SUA ATENÇÃO? SE SIM, POR QUE VOCÊ ACHA QUE ELAS ESTÃO USANDO ISTO?

RELACIONE

4. AS ATITUDES E EXPRESSÕES DAS PESSOAS NAS DUAS FOTOS INDICAM QUE ELAS LEVAM UMA VIDA SAUDÁVEL? EXPLIQUE.

5. QUE TÍTULO VOCÊ DARIA PARA CADA UMA DAS IMAGENS? POR QUÊ?

6. DESENHE NO CADERNO O QUE VOCÊ GOSTA DE FAZER COM SUA FAMÍLIA NOS FINS DE SEMANA.

LER E ENTENDER

VOCÊ GOSTA DE SUCO? SE SIM, DE QUAL FRUTA?

ACHA QUE É FÁCIL OU DIFÍCIL FAZER UM SUCO DE FRUTAS NO LIQUIDIFICADOR? POR QUÊ?

OUÇA A RECEITA QUE O PROFESSOR VAI LER E AVALIE SE ELA É FÁCIL OU DIFÍCIL.

LIMONADA DIFERENTE

INGREDIENTES

- 1 LIMÃO COM CASCA CORTADO EM QUATRO PARTES. RETIRAR A PARTE BRANCA CENTRAL.
- 4 COLHERES (DE SOPA) DE AÇÚCAR
- 3 COPOS DE REFRIGERANTE DE SABOR LIMÃO
- CUBOS DE GELO

MODO DE FAZER

1. LAVE, SEQUE E CORTE O LIMÃO.
2. BATA NO LIQUIDIFICADOR O LIMÃO COM 1 COPO DE REFRIGERANTE. DESLIGUE O LIQUIDIFICADOR.
3. JUNTE O AÇÚCAR, O RESTANTE DO REFRIGERANTE E OS CUBOS DE GELO. BATA NOVAMENTE NO LIQUIDIFICADOR.
4. COE EM UMA JARRA OU NO COPO.

Ilustrações: Camila de Godoy/Arquivo da editora

ESSE TEXTO FOI RETIRADO DA OBRA **O LIVRO DE RECEITAS DO MENINO MALUQUINHO**, DE ZIRALDO. SÃO PAULO: MELHORAMENTOS, 2002. P. 17. (ADAPTADO PARA ESTE LIVRO.)

ANALISE

1. VOCÊ ACHOU FÁCIL OU DIFÍCIL FAZER O SUCO? POR QUÊ?

2. FAÇA UM **X** AO LADO DOS OBJETOS NECESSÁRIOS PARA FAZER ESSE SUCO:

☐ JARRA ☐ COLHER ☐ COPO ☐ LIQUIDIFICADOR

☐ XÍCARA ☐ COADOR ☐ FACA

3. NUMERE AS AÇÕES A SEGUIR DE ACORDO COM AS INSTRUÇÕES DA RECEITA.

☐ COAR EM UMA JARRA OU NO COPO.

☐ BATER O LIMÃO E O REFRIGERANTE NO LIQUIDIFICADOR.

☐ JUNTAR OS OUTROS INGREDIENTES E BATER NOVAMENTE NO LIQUIDIFICADOR.

4. VOCÊ ACHA QUE ESSA RECEITA É SUFICIENTE PARA QUANTAS PESSOAS?

5. QUANTAS RECEITAS SÃO NECESSÁRIAS PARA TODA A TURMA?

RELACIONE

Peterman/Shutterstock/Glow Images

6. QUAL É O NOME DO ALIMENTO DA FOTO AO LADO?

____

7. QUAIS INGREDIENTES SÃO USADOS NO SEU PREPARO?

____

8. EXPLIQUE COMO ELE É PREPARADO.

O QUE APRENDI?

É HORA DE RETOMAR E ORGANIZAR O QUE APRENDEMOS DURANTE NOSSAS AULAS SOBRE AS MORADIAS E SUA CONSTRUÇÃO.

Ilustrações: Camila de Godoy/Arquivo da editora

VINCENT VAN GOGH (1853-1890) FOI UM PINTOR HOLANDÊS MUITO CONHECIDO EM TODO O MUNDO. EM SUAS PINTURAS USAVA CORES VIBRANTES. O QUADRO DA ABERTURA DA UNIDADE MOSTRA UM DOS CÔMODOS DA "CASA AMARELA", ANTIGA RESIDÊNCIA DO PINTOR NA CIDADE DE ARLES, FRANÇA.

1. PINTE O QUARTO DE VAN GOGH COM AS SUAS CORES PREFERIDAS.
2. SE VOCÊ DECIDISSE FAZER A PINTURA DE UM CÔMODO DO LUGAR ONDE MORA, QUAL ESCOLHERIA? POR QUÊ?
3. COM O PROFESSOR E OS COLEGAS, FAÇAM UMA LISTA DE ATITUDES QUE PODEMOS TER, EM CASA E NA ESCOLA, PARA A BOA CONVIVÊNCIA ENTRE AS PESSOAS.

4. RETOME AS DIFERENTES CASAS VISTAS NO CAPÍTULO 4 E INVENTE UMA CASA MALUCA!

A) PARA CRIAR A CASA MALUCA, VOCÊ PODE USAR O TETO DE UMA CASA, A PORTA DE OUTRA E OS DETALHES DE UMA TERCEIRA.

B) FAÇA O DESENHO EM UMA FOLHA À PARTE. SE PREFERIR, VOCÊ PODE FAZER UMA COLAGEM COM RECORTES DE REVISTAS OU MISTURAR DESENHO E COLAGEM.

C) DEPOIS, MOSTRE SUA CASA MALUCA AOS COLEGAS E AO PROFESSOR E EXPLIQUE COMO ELA FOI FEITA.

5. RECORTE AS CARINHAS DO **MATERIAL COMPLEMENTAR** E COLE NO QUADRO ABAIXO PARA INDICAR COMO FOI REALIZAR ALGUMAS ATIVIDADES DA UNIDADE 2.

ATIVIDADES	FIZ A ATIVIDADE COM CAPRICHO	COMPREENDI BEM	APRENDI MAIS SOBRE O ASSUNTO
CAPÍTULO 4 ATIVIDADE DA PÁGINA 49 SOBRE OS PROFISSIONAIS QUE PARTICIPAM DA CONSTRUÇÃO DE UMA CASA.			
CAPÍTULO 5 ATIVIDADES DA PÁGINA 57 SOBRE OS CUIDADOS DE HIGIENE E CONSERVAÇÃO DE ALIMENTOS.			
CAPÍTULO 6 ATIVIDADES DA PÁGINA 65 SOBRE O CAFÉ DA MANHÃ.			

UNIDADE 3
ESTUDAR E BRINCAR

Camila de Godoy/Arquivo da editora

- QUE ESPAÇO É MOSTRADO NA IMAGEM?
- O QUE OS ALUNOS ESTÃO FAZENDO? VOCÊ FAZ ALGO PARECIDO NA SUA ESCOLA?
- SERÁ QUE ESSES ALUNOS PARTICIPAM DESSAS ATIVIDADES TODOS OS DIAS DA SEMANA? E VOCÊ, FAZ AS MESMAS ATIVIDADES TODOS OS DIAS?

CAPÍTULO

7 A ESCOLA

COMO É SUA ESCOLA?

VOCÊ JÁ REPAROU COMO É O PRÉDIO DA SUA ESCOLA? O NOME DA ESCOLA ESTÁ ESCRITO NA FACHADA? VEJA A FACHADA DE ALGUMAS ESCOLAS:

Gerson Gerloff/Pulsar Imagens

INDÍGENAS KAINGANG, ALUNOS DA ESCOLA TOLDO CAMPINAS, EM REDENTORA, NO ESTADO DO RIO GRANDE DO SUL. FOTO DE 2014.

Rubens Chaves/Pulsar Imagens

COLÉGIO SANTA SOFIA, EM GUARANHUNS, NO ESTADO DE PERNAMBUCO. FOTO DE 2015.

João Prudente/Pulsar Imagens

FACHADA DA ESCOLA PAULO PEIXOTO DO CARMO, EM SÃO SEBASTIÃO DO ANTA, NO ESTADO DE MINAS GERAIS. FOTO DE 2015.

João Prudente/Pulsar Imagens

ESCOLA ESTADUAL DE MOÇAMBO, INSTALADA NA ANTIGA ESTAÇÃO FERROVIÁRIA, EM MUZAMBINHO, MINAS GERAIS. FOTO DE 2012.

Rubens Chaves/Pulsar Imagens

ESCOLA ESTADUAL ROCHA CAVALCANTI, NA CIDADE DE UNIÃO DOS PALMARES, NO ESTADO DE ALAGOAS. FOTO DE 2015.

1 SUA ESCOLA É PARECIDA COM ALGUMA DAS ESCOLAS MOSTRADAS NAS FOTOS?

2 DESENHE ABAIXO A SUA ESCOLA.

3 ESCREVA ABAIXO O NOME DA SUA ESCOLA.

A ESCOLA POR DENTRO

A ESCOLA TEM AMBIENTES PARA DIVERSAS ATIVIDADES.

Eduardo Zappia/Pulsar Imagens

Fernando Favoretto/Criar Imagem

xefstock/Getty Images

Leo Drumond/Nitro/Latinstock

1 QUE AMBIENTE ESTÁ SENDO MOSTRADO EM CADA FOTOGRAFIA?

2 DESCREVA QUE ATIVIDADES AS CRIANÇAS ESTÃO FAZENDO EM CADA SITUAÇÃO.

3 COM O PROFESSOR E OS COLEGAS, FAÇA UMA CAMINHADA PELA ESCOLA. DEPOIS, NO QUADRO ABAIXO, FAÇA UM **X** NOS AMBIENTES QUE EXISTEM NA SUA ESCOLA.

AMBIENTES DA ESCOLA			
PÁTIO		SECRETARIA	
CANTINA		HORTA	
BIBLIOTECA		SALA DE COMPUTADOR	
BANHEIROS		SALA DE TV E VÍDEO	
SALAS DE AULA		AMBULATÓRIO	
QUADRA DE ESPORTES		SALA DOS PROFESSORES	
AUDITÓRIO		SALA DA DIRETORIA	

A) EM QUE PARTE DA ESCOLA VOCÊ TOMA LANCHE?

____

B) EM QUE LUGAR DA ESCOLA VOCÊ TEM AULA?

____

____

____

____

4 DE QUAL AMBIENTE DA ESCOLA VOCÊ GOSTA MAIS? POR QUÊ?

ATIVIDADES DO CAPÍTULO

1. O QUE VOCÊ USA NA ESCOLA? CIRCULE.

Colourstripe/Shutterstock

Alias Studiot Oy/Shutterstock

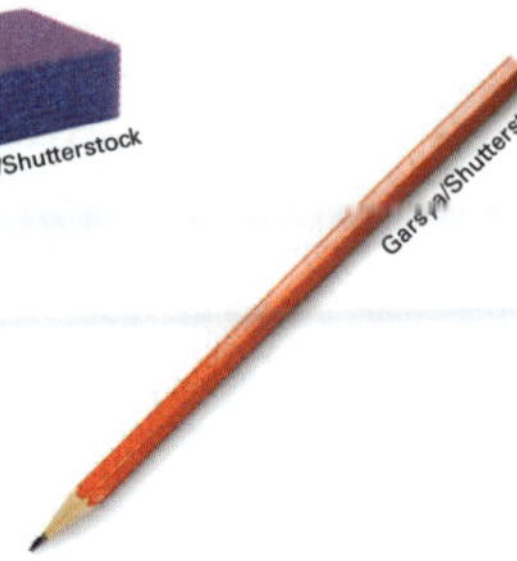
Garsya/Shutterstock

Wuttichok Painichiwarapun/Shutterstock

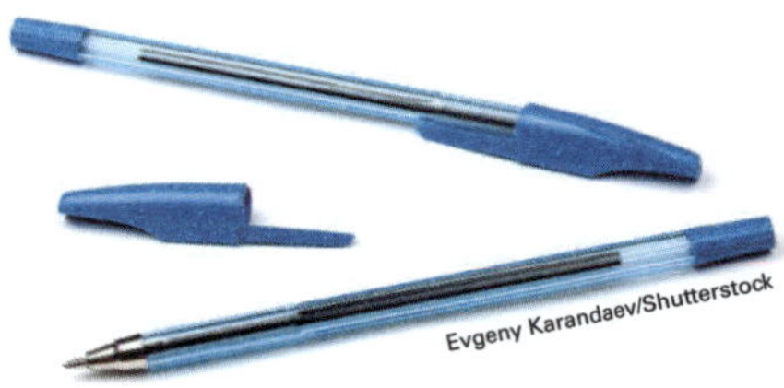
Evgeny Karandaev/Shutterstock

Eric Boucher/Shutterstock

2. AJUDE O JUCA A GUARDAR OS JOGOS DA ESCOLA NA ESTANTE. USE OS ADESIVOS DO **MATERIAL COMPLEMENTAR**.

Camila de Godoy/Arquivo da editora

3. ESTUDAR E IR À ESCOLA SÃO DIREITOS DAS CRIANÇAS. LEIA O POEMA ABAIXO. ELE FALA SOBRE ALGUNS DIREITOS DAS CRIANÇAS.

O DIREITO DAS CRIANÇAS

Tati Moes/Arquivo da editora

TODA CRIANÇA DO MUNDO
DEVE SER BEM PROTEGIDA
CONTRA OS RIGORES DO TEMPO
CONTRA OS RIGORES DA VIDA.

CRIANÇA TEM QUE TER NOME
CRIANÇA TEM QUE TER LAR
TER SAÚDE E NÃO TER FOME
TER SEGURANÇA E ESTUDAR.

NÃO É QUESTÃO DE QUERER
NEM QUESTÃO DE CONCORDAR
OS DIREITOS DAS CRIANÇAS
TODOS TÊM DE RESPEITAR.
[...]

ESSE POEMA FOI RETIRADO DO LIVRO **OS DIREITOS DAS CRIANÇAS SEGUNDO RUTH ROCHA**, DE RUTH ROCHA. 7. ED. SÃO PAULO: COMPANHIA DAS LETRINHAS, 2009.

A) CIRCULE OS DIREITOS DAS CRIANÇAS QUE SÃO APRESENTADOS NO POEMA.

B) VOCÊ CONHECE OUTRO DIREITO DAS CRIANÇAS? CONTE PARA OS COLEGAS E O PROFESSOR.

4. AS CRIANÇAS TÊM DEVERES? CONVERSE COM OS COLEGAS E O PROFESSOR. FAÇAM UMA LISTA DE REGRAS PARA UMA CONVIVÊNCIA HARMONIOSA NA ESCOLA.

CAPÍTULO 8

ESCOLA: LUGAR DE CONVIVER E APRENDER

QUEM TRABALHA NA ESCOLA?

VOCÊ JÁ PERCEBEU QUE NA ESCOLA TRABALHA MUITA GENTE? O QUE ESSAS PESSOAS FAZEM?

1 ASSINALE COM **X** E ESCREVA O NOME DA PESSOA NO LUGAR CORRESPONDENTE.

A) VOCÊ TEM UM PROFESSOR OU UMA PROFESSORA?

Ilustrações: Camila de Godoy/Arquivo da editora

☐ NOME: ______________________ ☐ NOME: ______________________

B) SUA ESCOLA TEM UM DIRETOR OU UMA DIRETORA?

☐ NOME: ______________________ ☐ NOME: ______________________

C) QUEM CUIDA DO PORTÃO DE ENTRADA?

Ilustrações: Camila de Godoy/Arquivo da editora

☐ NOME: ____________________

☐ NOME: ____________________

D) E QUEM CUIDA DA LIMPEZA?

☐ NOME: ____________________

☐ NOME: ____________________

2 SIGA A ORIENTAÇÃO DO PROFESSOR E CONVERSE COM UMA DAS PESSOAS QUE TRABALHAM NA ESCOLA. PERGUNTE A ELA:

A) QUAL É O SEU TRABALHO NA ESCOLA?

B) DO QUE MAIS GOSTA EM SEU TRABALHO?

DEPOIS CONTE AOS COLEGAS E AO PROFESSOR O QUE DESCOBRIU.

AS ATIVIDADES NA ESCOLA

NA ESCOLA VOCÊ PRATICA MUITAS ATIVIDADES.

1 PINTE AS CENAS.

Ilustrações: Mousebox/Arquivo da editora

2 ESCOLHA UMA DAS CENAS E CONTE AO PROFESSOR E AOS COLEGAS O QUE OS ALUNOS ESTÃO FAZENDO.

3 TOCAR INSTRUMENTOS E CANTAR SÃO ATIVIDADES QUE PODEMOS PRATICAR NA ESCOLA.

A) OBSERVE AS FOTOS E ESCREVA O NOME DE CADA INSTRUMENTO.

wavebreakmedia/Shutterstock

Thomas M Perkins/Shutterstock

Gelpi JM/Shutterstock

wavebreakmedia/Shutterstock

____________ ____________ ____________ ____________

B) VOCÊ SABE QUAL É O INSTRUMENTO QUE ANDA SEMPRE COM VOCÊ? OBSERVE A FOTO.

Denis Kuvaev/Shutterstock

C) CANTE ESTA MÚSICA E APRENDA A BRINCAR COM O SOM DA SUA VOZ. SIGA AS ORIENTAÇÕES DO PROFESSOR.

HAVIA UM PASTORINHO

HAVIA UM PASTORINHO
QUE ANDAVA A PASTORAR
SAIU DE SUA CASA
E PÔS-SE A CANTAR:

DÓ, RÉ, MI, FÁ, FÁ, FÁ,
DÓ, RÉ, DÓ, RÉ, RÉ, RÉ,
DÓ, SOL, FÁ, MI, MI, MI,
DÓ, RÉ, MI, FÁ, FÁ, FÁ.

CHEGANDO AO PALÁCIO
A RAINHA LHE FALOU:
ALEGRE PASTORINHO,
O SEU CANTO ME AGRADOU:

DÓ, RÉ, MI, FÁ, FÁ, FÁ,
DÓ, RÉ, DÓ, RÉ, RÉ, RÉ,
DÓ, SOL, FÁ, MI, MI, MI,
DÓ, RÉ, MI, FÁ, FÁ, FÁ.

CANTIGA POPULAR.

Camila de Godoy/Arquivo da editora

ATIVIDADES DO CAPÍTULO

1. QUE MATERIAL DE TRABALHO ESTÁ FALTANDO PARA ESTES FUNCIONÁRIOS DA ESCOLA? COMPLETE COM OS ADESIVOS DO **MATERIAL COMPLEMENTAR**.

Ilustrações: Camila de Godoy/Arquivo da editora

2. VEJA ESTAS FOTOGRAFIAS E DEPOIS RESPONDA ÀS PERGUNTAS:

Lucas Lacaz Ruiz/Fotoarena

Leo Drumond/Nitro

A) O QUE CADA UMA DELAS MOSTRA?

B) DE QUE DISCIPLINA SÃO AS AULAS RETRATADAS NAS FOTOS?

C) O QUE VOCÊ PODE PERCEBER SOBRE OS MENINOS E AS MENINAS NAS FOTOS?

3. PENSE EM UMA ATIVIDADE PARA UMA AULA DE EDUCAÇÃO FÍSICA E DESENHE NO ESPAÇO ABAIXO.

CAPÍTULO 9

O TEMPO PASSA

OS DIAS DA SEMANA

A SEMANA TEM 7 DIAS. CADA DIA DA SEMANA TEM UM NOME DIFERENTE.

Camila de Godoy/Arquivo da editora

1 COLOQUE OS DIAS DA SEMANA EM ORDEM, COMEÇANDO PELO DOMINGO. O QUE VEM DEPOIS? NUMERE OS QUADRINHOS.

1	DOMINGO		QUINTA-FEIRA
	SEGUNDA-FEIRA		SEXTA-FEIRA
	SÁBADO		TERÇA-FEIRA
	QUARTA-FEIRA		

2 PINTE DE UMA COR OS DIAS DA SEMANA EM QUE VOCÊ VAI À ESCOLA. ESCOLHA OUTRA COR PARA PINTAR OS DIAS EM QUE VOCÊ NÃO VAI À ESCOLA.

SEGUNDA--FEIRA	TERÇA--FEIRA	QUARTA--FEIRA	QUINTA--FEIRA	SEXTA--FEIRA	SÁBADO	DOMINGO

3 QUE DIA DA SEMANA É HOJE?

____

4 DESENHE O QUE VOCÊ GOSTA DE FAZER AOS DOMINGOS.

HORAS, MINUTOS E SEGUNDOS

O TEMPO PODE SER DIVIDIDO DE DIFERENTES FORMAS. JÁ CONHECEMOS:

- O DIA E A NOITE;
- AS PARTES DO DIA: MANHÃ, TARDE E NOITE;
- OS DIAS DA SEMANA.

O TEMPO TAMBÉM PODE SER MEDIDO EM HORAS, MINUTOS E SEGUNDOS. O QUE VOCÊ JÁ SABE SOBRE ISSO?

O RELÓGIO É USADO PARA MEDIR AS HORAS DE UM DIA. OBSERVE ALGUNS TIPOS DE RELÓGIOS QUE EXISTEM:

doomu/Shutterstock

AMPULHETA.

Piotr Wawrz/niuk/Shutterstock

RELÓGIO DE SOL.

Tiut Vladut/Shutterstock

RELÓGIO DE PONTEIROS.

wattanaphob kappago/Shutterstock

RELÓGIO DIGITAL.

1. QUAIS DESSES RELÓGIOS VOCÊ CONHECE?

2. QUAIS DELES VOCÊ ACHA QUE SÃO OS MAIS ANTIGOS? POR QUÊ?

3 JÚLIA VAI PARA A AULA DE DANÇA ÀS 9 HORAS. ASSINALE COM **X** O RELÓGIO ABAIXO QUE ESTÁ MARCANDO ESSE HORÁRIO.

Ilustrações: Camila de Godoy/Arquivo da editora

☐  ☐  ☐ 

4 QUE TAL AJUDAR ESSAS CRIANÇAS A MARCAR AS HORAS NO RELÓGIO?

A) DESENHE OS PONTEIROS NO RELÓGIO DE ACORDO COM O HORÁRIO.

MARCOS VAI ENCONTRAR SEUS AMIGOS NO PARQUE ÀS 10 HORAS DA MANHÃ.

B) AGORA ESCREVA AS HORAS NO RELÓGIO DIGITAL:

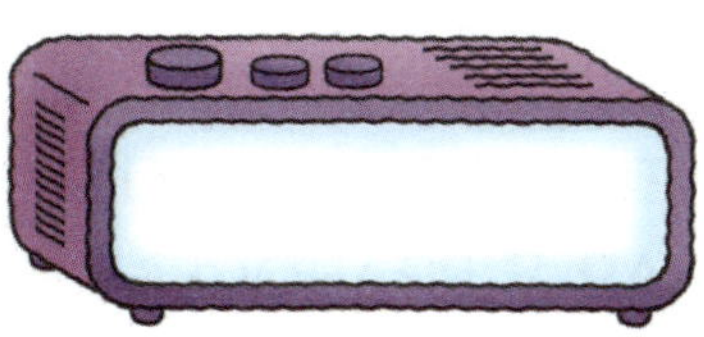

ANA PAULA VAI PARA A ESCOLA ÀS 8 HORAS.

HORA DO RECREIO

NA ESCOLA, VOCÊ E OS COLEGAS SAEM PARA O RECREIO. É UM TEMPO PARA LANCHAR, BRINCAR, IR AO BANHEIRO, DESCANSAR. MAS O RECREIO NÃO DURA UMA HORA. ELE DURA ALGUNS MINUTOS. VAMOS APRENDER A VER OS MINUTOS NO RELÓGIO?

1 OBSERVE O RELÓGIO: O PONTEIRO MAIOR ANDA BEM DEVAGAR. CADA VEZ QUE ELE DÁ UMA VOLTA COMPLETA NO CÍRCULO, PASSA UMA HORA.

Camila de Godoy/Arquivo da editora

A) CADA PEDAÇO COLORIDO REPRESENTA QUANTOS MINUTOS?

____

B) O PONTEIRO GRANDE TEM DE PASSAR POR QUANTOS MINUTOS PARA COMPLETAR UMA HORA?

____

C) AGORA VOCÊ JÁ SABE: QUANTOS MINUTOS HÁ EM 1 HORA?

____

COM AJUDA DE UM ADULTO, MONTE O RELÓGIO QUE ESTÁ NO **MATERIAL COMPLEMENTAR** E PRATIQUE A MARCAÇÃO DAS HORAS E DOS MINUTOS.

2 PEDRO ESTUDA DE MANHÃ E TEM 20 MINUTOS DE RECREIO. VEJA:

INÍCIO FIM INÍCIO FIM

- AGORA ANOTE O HORÁRIO DO SEU RECREIO:

INÍCIO FIM INÍCIO FIM

3 QUAL É SUA BRINCADEIRA PREFERIDA NO RECREIO? DESENHE-A.

Ilustrações: Camila de Godoy/Arquivo da editora

ATIVIDADES DO CAPÍTULO

1. LEIA O POEMA ABAIXO SOBRE OS DIAS DA SEMANA:

A SEMANA INTEIRA

A SEGUNDA FOI À FEIRA,
PRECISAVA DE FEIJÃO;
A TERÇA FOI À FEIRA,
PRA COMPRAR UM PIMENTÃO;
A QUARTA FOI À FEIRA,
PRA BUSCAR QUIABO E PÃO;
A QUINTA FOI À FEIRA,
POIS GOSTAVA DE AGRIÃO;
A SEXTA FOI À FEIRA,
TEM BANANA? TEM MAMÃO?
SÁBADO NÃO TEM FEIRA
E DOMINGO TAMBÉM NÃO.

ESSE POEMA DE SÉRGIO CAPPARELLI FOI RETIRADO DO LIVRO **111 POEMAS PARA CRIANÇAS**. 17. ED. PORTO ALEGRE: L&PM, 2011. P. 17.

Camila Sampaio/Arquivo da editora

A) POR QUE O POEMA DIZ QUE “SÁBADO NÃO TEM FEIRA / E DOMINGO TAMBÉM NÃO.”?

B) PINTE NO POEMA AS PALAVRAS QUE RIMAM COM **FEIJÃO**.

2. PERGUNTE EM CASA E PREENCHA ABAIXO: EM QUE DIA DA SEMANA VOCÊ NASCEU? A QUE HORAS?

DIA DA SEMANA: ______________________________

HORÁRIO: ______________________________

3. DESENHE OS PONTEIROS PARA INDICAR AS HORAS ABAIXO E PINTE OS RELÓGIOS.

A) A QUE HORAS VOCÊ ACORDA?

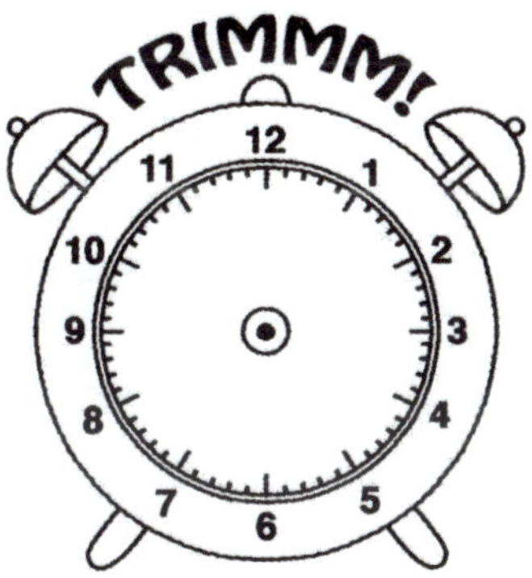

B) A QUE HORAS VOCÊ SAI DA ESCOLA?

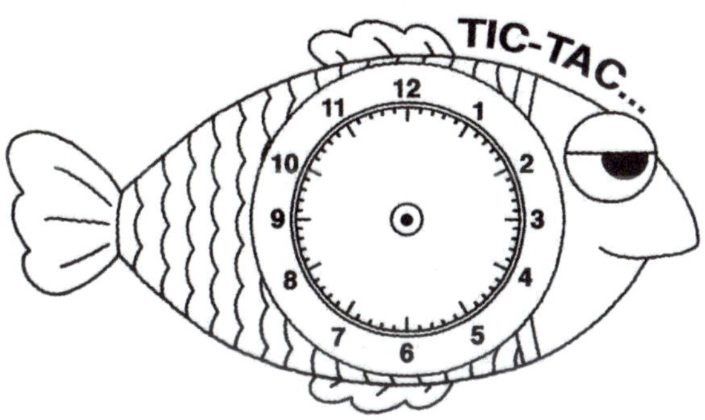

C) A QUE HORAS VOCÊ VAI DORMIR?

Ilustrações: Camila de Godoy/Arquivo da editora

RECREIO

JOGO: O CAMINHO DA ESCOLA

MATERIAL

- UM CLIPE
- DOIS BOTÕES DE MODELOS DIFERENTES
- UM LÁPIS
- UM DISCO DE PAPEL QUE ESTÁ NO **MATERIAL COMPLEMENTAR**

COMO JOGAR

1. CADA JOGADOR ESCOLHE UM BOTÃO.
2. TIREM PAR OU ÍMPAR PARA DECIDIR QUEM COMEÇA O JOGO.
3. CADA JOGADOR POSICIONA O LÁPIS DENTRO DO CLIPE, COMO MOSTRA A ILUSTRAÇÃO.

Camila de Godoy/Arquivo da editora

4. GIRE O CLIPE.
5. SE O CLIPE PARAR ONDE ESTÁ O NÚMERO 1, O JOGADOR ANDA UMA CASA. SE O CLIPE PARAR ONDE ESTÁ O NÚMERO 2, O JOGADOR ANDA DUAS CASAS. E ASSIM POR DIANTE, ATÉ 4 CASAS.
6. GANHA QUEM CHEGAR PRIMEIRO À ESCOLA.

Camila Sampaio/Arquivo da editora

LER E ENTENDER

VOCÊ GOSTA DE HISTÓRIAS EM QUADRINHOS?

ALGUÉM NA SUA CASA COSTUMA LER HISTÓRIAS EM QUADRINHOS? ACOMPANHE A LEITURA QUE O PROFESSOR FARÁ A SEGUIR.

O MENINO MALUQUINHO

RECREIO, EM **O MELHOR DO MENINO MALUQUINHO EM QUADRINHOS: TÁ NA HORA DA ESCOLA**, DE ZIRALDO. SÃO PAULO: PUBLIFOLHA, 1999. P. 63-66.

ANALISE

1. EM QUE LOCAL A HISTÓRIA SE PASSA? ______________________

2. O QUE REPRESENTA O SOM "TÉÉÉÉÉÉÉÉÉÉÉ..."?

- [ ] O GRITO DE UM ALUNO
- [ ] O SINAL DO FIM DO RECREIO
- [ ] O BARULHO DO PÁTIO

3. OS ALUNOS ESTÃO SUBINDO AS ESCADAS ANIMADOS OU CANSADOS? COMO VOCÊ PERCEBEU ISSO?

4. É CORRETO AFIRMAR QUE:

- ☐ O MENINO MALUQUINHO QUER IR AO BANHEIRO.
- ☐ A PROFESSORA NÃO SE INCOMODA COM O PEDIDO DO MENINO MALUQUINHO.

5. A PROFESSORA ESTRANHA O PEDIDO PARA IR AO BANHEIRO PORQUE:

- ☐ O MENINO MALUQUINHO FEZ O PEDIDO BAIXINHO NO OUVIDO DELA.
- ☐ O MENINO MALUQUINHO HAVIA ACABADO DE VOLTAR DO RECREIO.

6. A RESPOSTA "AGENDA CHEIA" SIGNIFICA QUE:

- ☐ O MENINO MALUQUINHO NÃO APROVEITOU O TEMPO DO RECREIO PARA IR AO BANHEIRO.
- ☐ O MENINO MALUQUINHO NÃO TEVE TEMPO PARA IR AO BANHEIRO PORQUE TINHA MUITOS COMPROMISSOS.

RELACIONE

7. VOCÊ GOSTOU DESSA HISTÓRIA EM QUADRINHOS? POR QUÊ?

8. VOCÊ ACHOU ENGRAÇADA? O QUE FOI ENGRAÇADO?

9. O QUE VOCÊ FAZ NA HORA DO RECREIO NA SUA ESCOLA?

____

____

O QUE APRENDI?

CHEGOU A HORA DE RETOMAR E ORGANIZAR O QUE APRENDEMOS SOBRE O AMBIENTE ESCOLAR.

1. OBSERVE NOVAMENTE A IMAGEM DA ABERTURA DA UNIDADE E CONVERSE COM OS COLEGAS A RESPEITO DAS QUESTÕES A SEGUIR.

Camila de Godoy/Arquivo da editora

A) AS CRIANÇAS ESTÃO BRINCANDO? ELAS PARECEM SE DIVERTIR?

B) VOCÊ APRENDE ALGO QUANDO BRINCA? COMO ISSO ACONTECE?

C) ASSINALE COM UM **X** A SUA CONCLUSÃO.

- [ ] NA ESCOLA A GENTE APRENDE E SE DIVERTE.
- [ ] NA ESCOLA A GENTE SÓ APRENDE.

2. PINTE A CENA ACIMA COM AS CORES DE SUA PREFERÊNCIA.

3. SOB ORIENTAÇÃO DE UM ADULTO, CALCULE QUANTO TEMPO VOCÊ DEMORA PARA:

ATIVIDADE	TEMPO
DEITAR NO CHÃO E LEVANTAR.	
TOMAR O CAFÉ DA MANHÃ.	
PULAR 5 VEZES.	
IR DE CASA ATÉ A ESCOLA.	

4. RECORTE AS CARINHAS DO **MATERIAL COMPLEMENTAR** E COLE NO QUADRO ABAIXO PARA INDICAR COMO FOI REALIZAR ALGUMAS ATIVIDADES DA UNIDADE.

ATIVIDADES	FIZ A ATIVIDADE COM CAPRICHO	COMPREENDI BEM	APRENDI MAIS SOBRE O ASSUNTO
CAPÍTULO 7 ATIVIDADE DA PÁGINA 81 SOBRE OS ESPAÇOS DA ESCOLA.			
CAPÍTULO 8 ATIVIDADE DA PÁGINA 86 SOBRE OS FUNCIONÁRIOS DA ESCOLA.			
CAPÍTULO 9 ATIVIDADE DA PÁGINA 95 SOBRE OS HORÁRIOS DE ALGUMAS ATIVIDADES.			

UNIDADE 4

ONDE VIVEMOS

Camila de Godoy/Edição de arte

- NESTA IMAGEM, QUAIS SÃO OS ELEMENTOS CONSTRUÍDOS PELO SER HUMANO?
- QUAIS ELEMENTOS SÃO NATURAIS?

CAPÍTULO 10

QUEM VIVE AQUI?

SERES VIVOS

VOCÊ SABIA QUE NO PLANETA TERRA HÁ MUITOS AMBIENTES DIFERENTES? NELES ESTÃO OS SERES VIVOS E TAMBÉM OS SERES NÃO VIVOS.

Camila de Godoy/Edição de arte

1 NA ILUSTRAÇÃO HÁ TRÊS AMBIENTES DIFERENTES. TENTE DESCOBRI-LOS. USE AS PALAVRAS ABAIXO PARA RESPONDER.

AR ÁGUA SOLO

A) AMBIENTE ONDE ESTÃO AS PLANTAS: ____________________

B) AMBIENTE ONDE ESTÃO OS PEIXES: ____________________

C) AMBIENTE ONDE ESTÃO OS PÁSSAROS: ____________________

2 ASSINALE COM **X** OS SERES VIVOS QUE VOCÊ VÊ NA FIGURA.

OS ANIMAIS E OS VEGETAIS SÃO SERES VIVOS. NÃO SE ESQUEÇA DE QUE O SER HUMANO TAMBÉM É UM ANIMAL.

E QUAIS SÃO OS SERES NÃO VIVOS? O SOL, O SOLO, A ÁGUA E O AR SÃO SERES NÃO VIVOS.

1 COLE NESTA CENA OS ADESIVOS DO **MATERIAL COMPLEMENTAR**.

Jorge Zaiba/Arquivo da editora

2 AGORA, RESPONDA:

A) QUE SERES VIVOS VOCÊ COLOU NO SOLO?

____

____

B) E NA ÁGUA? ________________________________

C) E NO AR? __________________________________

3 NO SOLO PODEM CRESCER VEGETAIS. PINTE O SOLO DESTA PAISAGEM.

Jorge Zaiba/Arquivo da editora

4 ALGUNS SOLOS CONTÊM MUITA ARGILA. OUTROS TÊM MAIS AREIA. OBSERVE AS FOTOS.

COMO É O SOLO DA REGIÃO EM QUE VOCÊ MORA? PINTE O QUADRINHO PARA MOSTRAR.

Franck Boston/Shutterstock/Glow Images

Betty LaRue/Alamy/Glow Images

5 OBSERVE A FOTO. QUE ELEMENTO NÃO VIVO PREDOMINA NESTE AMBIENTE?

Cassandra Cury/Pulsar Imagens

LAGO FORMADO PELA USINA HIDRELÉTRICA LAJEADO, NA CIDADE DE PORTO NACIONAL, NO TOCANTINS, EM 2014.

PARA RESPONDER À PERGUNTA, DECIFRE O ENIGMA:

Á +  – ATO +  – V

Ilustrações: Jorge Zaiba/ Arquivo da editora

____

6 PERCEBEMOS A PRESENÇA DO AR DE VÁRIAS MANEIRAS. VEJA A FIGURA ABAIXO E RESPONDA QUAL É UMA DELAS. DEPOIS, PINTE A ILUSTRAÇÃO.

____

Camila de Godoy/Edição de arte

VIVER NA ÁGUA, VIVER NA TERRA

OS AMBIENTES PODEM SER AQUÁTICOS OU TERRESTRES.

QUAIS AMBIENTES AQUÁTICOS VOCÊ CONHECE? E TERRESTRES?

1 UM AMBIENTE AQUÁTICO PODE TER MUITAS ESPÉCIES DE VIDA, COMO PLANTAS, ALGAS E PEIXES. DESCUBRA O NOME DESTES ANIMAIS AQUÁTICOS.

Jorge Zaiba/Arquivo da editora

AS IMAGENS NÃO ESTÃO EM PROPORÇÃO.

2 EM ALGUNS AMBIENTES TERRESTRES ENCONTRAMOS UMA GRANDE VARIEDADE DE PLANTAS, ANIMAIS E OUTROS SERES VIVOS. COMPLETE OS ESPAÇOS COM OS ADESIVOS DE ANIMAIS TERRESTRES QUE ESTÃO NO **MATERIAL COMPLEMENTAR**.

Fabio Colombini/Acervo do fotógrafo

ONÇA

Four Oaks/Shutterstock/Glow Images

ELEFANTE

Villiers Steyn/Shutterstock/Glow Images

LEÃO

Avesun/Shutterstock/Glow Images

GATO

TUCANO

CAVALO

SER HUMANO

TIGRE

ATIVIDADES DO CAPÍTULO

1. EM CADA ITEM, INDIQUE:

V = SER VIVO

NV = COMPONENTE NÃO VIVO DO AMBIENTE

AS IMAGENS NÃO ESTÃO EM PROPORÇÃO.

PÁSSARO

SOL

PEIXE

ÁGUA

ÁRVORE

GATO

MENINO

AR

Ilustrações: Jorge Zaiba/Arquivo da editora

2. ADIVINHE SE PUDER!

A) QUE ANIMAL LEVA SEMPRE A CASA NAS COSTAS?

____

B) LEIA E DESCUBRA QUEM É:

VIVO DEBAIXO DA TERRA,
ME ESCONDO DOS PASSARINHOS.
MUITOS ME USAM COMO ISCA
PARA PEGAR OS PEIXINHOS.
QUEM SOU?

____

3. ACOMPANHE A LEITURA DO POEMA FEITA PELO PROFESSOR.

O PEIXE-ESPADA

QUANDO UM PEIXE-ESPADA
VÊ OUTRO PEIXE-ESPADA
PENSAM QUE ELES BRIGAM?
QUAL BRIGAM, QUAL NADA!

PODERÃO NO MÁXIMO
BRINCAR DE DUELO
MAS BRIGAR SÓ BRIGAM
COM O PEIXE-MARTELO.

OU COM O TUBARÃO.

ESSE POEMA FOI RETIRADO DO LIVRO **A ARCA DE NOÉ**, DE VINÍCIUS DE MORAIS. SÃO PAULO: COMPANHIA DAS LETRINHAS, 1991. P. 72.

A) CIRCULE O NOME DOS ANIMAIS QUE APARECEM NO POEMA.

B) ESSES ANIMAIS VIVEM EM AMBIENTE:

☐ TERRESTRE. ☐ AQUÁTICO.

4. ENCONTRE OS 4 ANIMAIS TERRESTRES QUE ESTÃO ESCONDIDOS NA PAISAGEM.

ESCREVA O NOME DOS ANIMAIS QUE VOCÊ ENCONTROU.

____

____

____

____

CAPÍTULO 11

O MUNDO AO MEU REDOR

OS LUGARES SÃO DIFERENTES

OS SERES HUMANOS VIVEM NO AMBIENTE TERRESTRE. OBSERVE AS FOTOS ABAIXO:

Fernando Bueno/Pulsar Imagens

PAISAGEM NO CAMPO

CASA DE AGRICULTORES NO CAMPO, COM PLANTAÇÃO E CRIAÇÃO DE GADO, EM GRAMADO, NO ESTADO DO RIO GRANDE DO SUL, EM 2015.

João Prudente/Pulsar Imagens

PAISAGEM NA CIDADE

RUA DA CIDADE DE CURITIBA, NO ESTADO DO PARANÁ. VEMOS PRÉDIOS, RUAS ASFALTADAS, CARROS E PESSOAS AGUARDANDO NO PONTO DE ÔNIBUS.

AS PESSOAS VIVEM EM LUGARES DIFERENTES, QUE PODEM TER CASAS, RUAS, CARROS, ANIMAIS, PLANTAS.

1 QUE DIFERENÇAS VOCÊ PERCEBE ENTRE AS DUAS PAISAGENS? COMENTE ESTES ASPECTOS:

A) TIPO E QUANTIDADE DE CONSTRUÇÕES;

B) VEGETAÇÃO.

2 QUEM CONSTRUIU A PAISAGEM DO CAMPO? QUEM CONSTRUIU A PAISAGEM DA CIDADE?

3 NO CAMPO, AS ATIVIDADES ECONÔMICAS MAIS COMUNS SÃO AS PLANTAÇÕES E A CRIAÇÃO DE ANIMAIS. OBSERVE E PINTE AS IMAGENS.

Ilustrações: Ilustra Cartoon/Arquivo da editora

4 AS ATIVIDADES ECONÔMICAS MAIS COMUNS NAS CIDADES SÃO O COMÉRCIO E VÁRIOS TIPOS DE SERVIÇO, COMO HOSPITAIS E RESTAURANTES.

AS INDÚSTRIAS PODEM SE LOCALIZAR NO CAMPO OU NAS CIDADES.

OBSERVE AS FIGURAS DESTAS PÁGINAS E DEPOIS ESCREVA ONDE TRABALHA CADA PROFISSIONAL.

Ilustrações: Ilustra Cartoon/Arquivo da editora

____

____

5 MONTE OS QUEBRA-CABEÇAS DO CAMPO E DA CIDADE DO **MATERIAL COMPLEMENTAR**.

6 QUAL DAS CENAS DOS QUEBRA-CABEÇAS SE PARECE MAIS COM O LUGAR ONDE VOCÊ MORA?

7 DE ONDE VÊM OS ALIMENTOS QUE CONSUMIMOS?

8 AS FOTOGRAFIAS ABAIXO MOSTRAM DIFERENTES LUGARES. LIGUE O NOME DO LUGAR À IMAGEM QUE ELE REPRESENTA.

PRAÇA

Wagner Tavares/Pulsar Imagens

PRAIA

Mauricio Simonetti/Pulsar Imagens

FLORESTA

João Prudente/Pulsar Imagens

FAZENDA

Rubens Chaves/Pulsar Imagens

CIDADE

Fabio Colombini/Acervo do fotógrafo

9 PEDRO ESTÁ OLHANDO A CIDADE PELA JANELA DE SEU QUARTO.

A) COMPARE AS DUAS IMAGENS E DESCUBRA OS 7 ITENS QUE APARECEM NA PRIMEIRA IMAGEM E NÃO APARECEM NA SEGUNDA IMAGEM.

B) ASSINALE AS DIFERENÇAS COM UM **X** NA SEGUNDA IMAGEM.

Ilustrações: Ilustra Cartoon/Arquivo da editora

OS MEIOS DE TRANSPORTE

OS MEIOS DE TRANSPORTE LIGAM OS DIFERENTES LUGARES.

AS IMAGENS DESTA PÁGINA NÃO ESTÃO REPRESENTADAS EM PROPORÇÃO.

1 OBSERVE AS FOTOS DE ALGUNS MEIOS DE TRANSPORTE E ESCREVA O NOME DE CADA UM.

Stefan Glebowski/Shutterstock

____

Nikko a/Shutterstock

____

Antony Nettle/Alamy/Glow Images

____

Cesar Diniz/Pulsar Imagens

____

2 LEIA O POEMA E CIRCULE OS MEIOS DE TRANSPORTE CITADOS.

O *RAP* DOS TRANSPORTES

VENHAM TODOS, VENHAM TODOS
NÓS IREMOS PASSEAR
DE UMA CIDADE A OUTRA
PELO MUNDO VIAJAR
E QUE MEIO DE TRANSPORTE
NÓS VAMOS UTILIZAR?

Ilustrações: Ilustra Cartoon/Arquivo da editora

PARA DISTÂNCIAS MAIS CURTAS
EXISTE A BICICLETA
NÃO POLUI NOSSA CIDADE
É ESPORTE DOS ATLETAS
ATRAVÉS DA CICLOVIA
FAZ A CURVA E SEGUE A RETA
[...]

DO NORDESTE AO SUDESTE
É MELHOR DE AVIÃO
MAIS PARECE UM PASSARINHO
VOA EM TODA DIREÇÃO
E O TAL SANTOS DUMONT
É O PAI DA AVIAÇÃO

ESSES VERSOS FAZEM PARTE DO ***RAP* DOS TRANSPORTES**, DE MARIANE BIGIO. DISPONÍVEL EM: <HTTP://MARIANEBIGIO.COM/TAG/MEIOS-DE-TRANSPORTES/>. ACESSO EM: 21 JAN. 2016.

3 A MERCADORIA PRODUZIDA NO CAMPO E NAS CIDADES É TRANSPORTADA ATÉ LOJAS, FEIRAS E SUPERMERCADOS.

PINTE ESTES MEIOS DE TRANSPORTE QUE LEVAM MERCADORIAS.

Ilustrações: Camila Sampaio/Arquivo da editora

OS MEIOS DE COMUNICAÇÃO

COMO VOCÊ SE COMUNICA COM AS PESSOAS?

AS IMAGENS DESTA PÁGINA NÃO ESTÃO REPRESENTADAS EM PROPORÇÃO.

1 ENCONTRE NO DIAGRAMA ABAIXO O NOME DE ALGUNS MEIOS DE COMUNICAÇÃO.

Julia Nikitina/Shutterstock

Alexey Boldin/Shutterstock

Coprid/Shutterstock/Glow Images

Reprodução/Montagem Cesar Wolf

A	S	T	R	Á	D	I	O	A	V	K	S
B	M	T	F	F	G	R	U	E	W	R	J
T	T	E	L	E	V	I	S	Ã	O	V	O
Ã	I	C	O	M	P	U	T	A	D	O	R
Z	B	L	E	I	T	M	N	P	X	Y	N
B	T	E	L	E	F	O	N	E	M	B	A
R	E	V	I	S	T	A	P	I	T	R	L
M	I	Y	T	L	Õ	J	E	B	N	E	P

Magicoven/Shutterstock/Glow Images

Luisa Leal Photography/Shutterstock

2 QUE TAL BRINCARMOS DE TELEFONE SEM FIO?

COMO BRINCAR

- TODA A TURMA FORMA UMA RODA.
- O PROFESSOR SORTEIA QUEM VAI COMEÇAR A BRINCADEIRA.
- O ALUNO SORTEADO ESCOLHE UMA PALAVRA E FALA NA ORELHA DO COLEGA SENTADO AO SEU LADO, DE MODO QUE NINGUÉM MAIS ESCUTE.
- O COLEGA FALA PARA O PRÓXIMO, ATÉ QUE A PALAVRA VOLTE PARA QUEM COMEÇOU A BRINCADEIRA.
- O ALUNO SORTEADO DEVE FALAR EM VOZ ALTA PRIMEIRO A PALAVRA QUE OUVIU. DEPOIS A PALAVRA QUE ELE ESCOLHEU NO INÍCIO.

A) A PALAVRA ESCOLHIDA E A PALAVRA QUE O ÚLTIMO ALUNO OUVIU FORAM AS MESMAS?

B) COMENTE COM O PROFESSOR E OS COLEGAS O QUE ACONTECEU NA BRINCADEIRA.

3 ANOTE NO QUADRO ABAIXO ALGUNS NÚMEROS DE TELEFONE IMPORTANTES. VOCÊ PODE PREENCHER TAMBÉM COM O TELEFONE DE SEUS PAIS E COLEGAS.

NOME	TELEFONE
BOMBEIROS	
POLÍCIA	
AMBULÂNCIA	

Ilustrações: Ilustra Cartoon/Arquivo da editora

ATIVIDADES DO CAPÍTULO

1. COMO É O MODO DE VIDA NO MEIO RURAL? E NO MEIO URBANO? OUÇA O POEMA QUE O PROFESSOR VAI LER.

CRIANÇAS DA ROÇA

DESLIZAR MORRO ABAIXO
SENTADO EM FOLHAS DE BANANEIRA.

FAZER BONECA
COM ESPIGA DE MILHO.

SE JOGAR NA LAMA
DEPOIS DA CHUVA.

CORTAR GALHO DE MAMONA
E ASSOPRAR BOLHA DE SABÃO.

SUBIR E DESCER
EM TODAS AS ÁRVORES.

BRINCAR DE RODA
E DIZER UM VERSO BEM BONITO.

IMITAR SAPO,
IMITAR PASSARINHO.

OU FICAR O DIA INTEIRO
OLHANDO FORMIGA
SEGUIR SEU CAMINHO.

ESSE POEMA FOI RETIRADO DO LIVRO **CAMINHO DA ROÇA**, DE LALAU E LAURABEATRIZ. SÃO PAULO: SCIPIONE, 2012. P. 18.

Camila Sampaio/Arquivo da editora

A) VOCÊ JÁ FEZ BRINCADEIRAS COMO AS CRIANÇAS DO POEMA?

B) ESSAS ATIVIDADES ACONTECEM NO CAMPO E NA CIDADE?

2. ESTE POEMA EXPLICA COMO IR DA CIDADE DE SALVADOR, NA BAHIA, A SOROCABA, EM SÃO PAULO. OUÇA A LEITURA QUE O PROFESSOR VAI FAZER.

ATENÇÃO, SENHORES PASSAGEIROS

DE SALVADOR
A SOROCABA,
DÁ PARA IR A PÉ,
MAS A VIAGEM NUNCA ACABA!
DÁ PARA IR DE CARRO,
MAS DEMORA HORAS.
DÁ PARA IR DE ÔNIBUS,
MAS FICA UM DIA SENTADO,
VIRA NO BANCO
PRA TUDO QUE É LADO,
CHEGA MANCO E MUITO CANSADO.
ENTÃO, MEU IRMÃO,
É MELHOR IR DE AVIÃO. [...]

ESSE POEMA FOI RETIRADO DO LIVRO **TRANSPOEMAS**, DE RICARDO SILVESTRIN. SÃO PAULO: COSAC NAIFY, 2008.

A) QUE MEIOS DE TRANSPORTE SÃO CITADOS NO POEMA?

B) DE ACORDO COM O POEMA, QUAL É O MELHOR MEIO DE TRANSPORTE PARA IR DE SALVADOR A SOROCABA?

C) SALVADOR FICA LONGE OU PERTO DE SOROCABA? POR QUÊ?

3. EM QUAIS MEIOS DE TRANSPORTE VOCÊ JÁ VIAJOU? CONTE COMO FOI.

CAPÍTULO 12

AS PAISAGENS MUDAM

MUDANÇAS NATURAIS

AS PAISAGENS SE MODIFICAM. ALGUMAS MUDANÇAS ACONTECEM AO LONGO DO DIA. OUTRAS ACONTECEM NO DECORRER DO ANO.

1 OBSERVE AS FOTOS DO FAROL DA BARRA, EM SALVADOR, NA BAHIA:

Marcio Pimenta/Alamy/Latinstock

dbimages/Alamy/Latinstock

Werner Rudhart/Kino.com.br

A) A QUE HORAS VOCÊ ACHA QUE FOI TIRADA CADA FOTO?

B) QUAL É A DIFERENÇA ENTRE AS FOTOS?

- COM SEUS COLEGAS, BRINQUE COM O "JOGO DA MEMÓRIA" DO **MATERIAL COMPLEMENTAR**.

AO LONGO DO ANO, A PAISAGEM SE MODIFICA CONFORME MUDAM AS ESTAÇÕES. AS ESTAÇÕES DO ANO SÃO:

PRIMAVERA	OUTONO	VERÃO	INVERNO

UM MODO DE DEFINIR AS ESTAÇÕES DO ANO É ASSIM:

OUTONO

QUEDA DAS FOLHAS DE ALGUMAS ÁRVORES

PRIMAVERA

DESABROCHAR DAS FLORES

VERÃO

CALOR

INVERNO

FRIO

Ilustrações: Ilustra Cartoon/Arquivo da editora

2 QUAL É A ATUAL ESTAÇÃO DO ANO?

3 EM QUE ESTAÇÃO DO ANO VOCÊ NASCEU?

---

4 OBSERVE A FOTOGRAFIA. VOCÊ JÁ VIU UMA CENA ASSIM NA SUA CIDADE?

Mishella/Shutterstock

CIDADE DE NOVA IORQUE, NOS ESTADOS UNIDOS, EM 2014.

5 AS ESTAÇÕES DO ANO TÊM CARACTERÍSTICAS DIFERENTES NAS VÁRIAS REGIÕES DO BRASIL. DESENHE COMO SÃO ESSAS ESTAÇÕES NO LUGAR EM QUE VOCÊ MORA.

A) VERÃO

B) INVERNO

6 COMPLETE ESTA PAISAGEM DE PRIMAVERA. OBSERVE AS LEGENDAS E COLE AS FLORES QUE ESTÃO NO **MATERIAL COMPLEMENTAR**.

Camila de Godoy/
Arquivo da editora

MUDANÇAS PROVOCADAS PELO SER HUMANO

O SER HUMANO TAMBÉM MUDA AS PAISAGENS. COM O PASSAR DO TEMPO, AS PESSOAS MODIFICAM O JEITO DE MORAR E DE SE TRANSPORTAR, POR EXEMPLO, E PARA ISSO ALTERAM A PAISAGEM.

1 OBSERVE AS FOTOS ABAIXO E RESPONDA:

VIADUTO DO CHÁ, EM SÃO PAULO, EM 1892.

Guilherme Gaensly/Coleção particular

VIADUTO DO CHÁ, EM SÃO PAULO, EM 2009.

Miguel Schincariol/Banco de Imagens do Estado de São Paulo

A) AS FOTOS MOSTRAM O MESMO LUGAR?

B) O QUE É SEMELHANTE NAS DUAS IMAGENS?

C) O QUE É DIFERENTE?

2 OBSERVE AS FOTOS. LEIA AS LEGENDAS E COMPARE AS DATAS. ESCREVA NAS DUAS ÚLTIMAS FOTOS A LETRA QUE MOSTRA A MESMA CIDADE, MAS EM UMA ÉPOCA DIFERENTE.

ESTAÇÃO DA LUZ, EM SÃO PAULO, EM 1956.

ENSEADA DE BOTAFOGO, NO RIO DE JANEIRO, EM 1906.

ENSEADA DE BOTAFOGO, NO RIO DE JANEIRO, EM 2011.

ESTAÇÃO DA LUZ, EM SÃO PAULO, EM 2014.

3 ESCREVA QUE TIPOS DE CONSTRUÇÃO EXISTEM NO LUGAR EM QUE VOCÊ MORA.

____

____

4 SERÁ QUE TODAS AS MUDANÇAS FEITAS PELAS PESSOAS NA PAISAGEM SÃO BOAS? VOCÊ JÁ OUVIU FALAR EM DESMATAMENTO? SABE O QUE É?

- OBSERVE E COMPARE AS DUAS IMAGENS.

Luciana Whitaker/Pulsar Imagens

NAS FLORESTAS, HÁ MUITAS ESPÉCIES VEGETAIS E ANIMAIS. MATA ATLÂNTICA NA SERRA DO MAR EM MORRETES, NO ESTADO DO PARANÁ, EM 2015.

Ernesto Reghran/Pulsar Imagens

COM O DESMATAMENTO, MUITAS PLANTAS E ANIMAIS MORREM. ÁREA DESMATADA DA FLORESTA AMAZÔNICA EM ITACOATIARA, NO ESTADO DO AMAZONAS, EM 2015.

5 ALGUNS ANIMAIS DO BRASIL ESTÃO AMEAÇADOS DE EXTINÇÃO POR CAUSA DOS DESMATAMENTOS. VEJA ALGUNS DELES NO **MATERIAL COMPLEMENTAR** E COLE-OS ABAIXO. DEPOIS ESCOLHA UM DOS ANIMAIS E FAÇA UMA PESQUISA SOBRE ELE.

TRACAJÁ

VEADO-CAMPEIRO

LOBO-GUARÁ

6 VOCÊ SABE O QUE É POLUIÇÃO? E COMO ELA AFETA O AMBIENTE? ESCREVA AS LEGENDAS NOS LUGARES CORRESPONDENTES.

POLUIÇÃO DA ÁGUA.	POLUIÇÃO DO SOLO.	POLUIÇÃO DO AR.

____

Ilustrações: Camila de Godoy/Arquivo da editora

____

____

7 COMO VOCÊ PODE CONTRIBUIR PARA PRESERVAR O AMBIENTE?

ATIVIDADES DO CAPÍTULO

1. DESEMBARALHE AS SÍLABAS E FORME O NOME DAS ESTAÇÕES DO ANO.

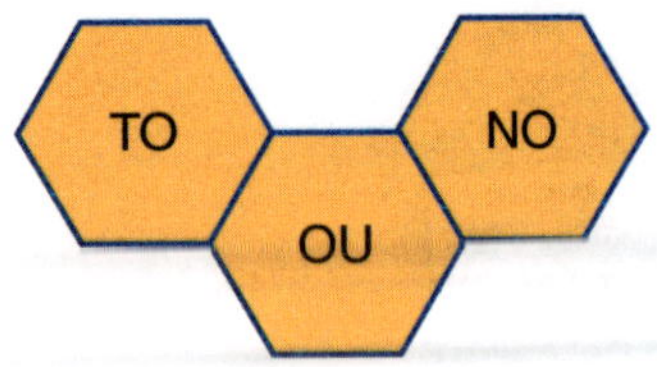

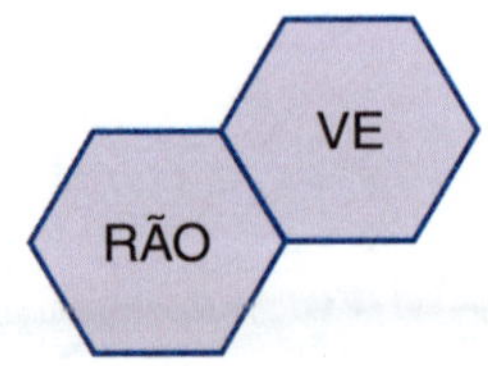

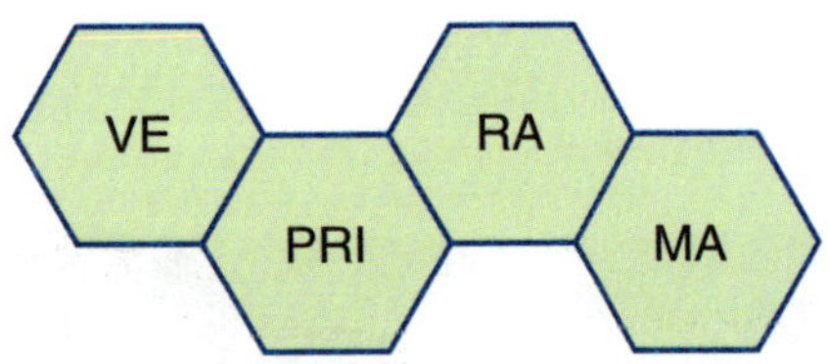

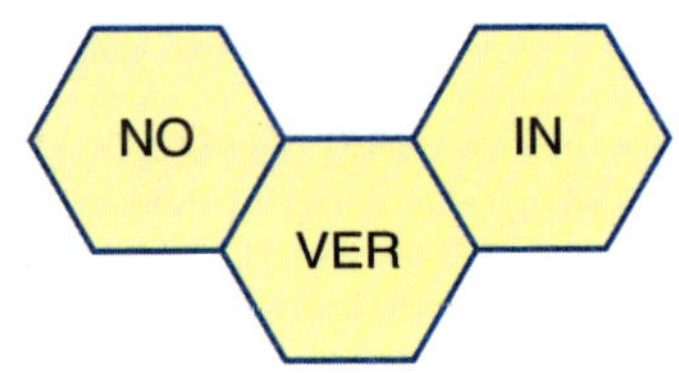

2. DURANTE O DIA, O SOL PODE APARECER NO CÉU. EM ALGUMAS NOITES, PODEMOS VER A LUA E AS ESTRELAS.

- DESENHE O CÉU:

DE DIA	À NOITE

3. NESTE POEMA, O POETA FALA SOBRE ALGUNS PROBLEMAS QUE VOCÊ ESTUDOU NO CAPÍTULO. OUÇA A LEITURA DO PROFESSOR E DIGA QUE PROBLEMAS SÃO ESSES.

PARAÍSO

SE ESTA RUA FOSSE MINHA,
EU MANDAVA LADRILHAR,
NÃO PARA AUTOMÓVEL MATAR GENTE,
MAS PARA CRIANÇA BRINCAR.

SE ESTA MATA FOSSE MINHA,
EU NÃO DEIXAVA DERRUBAR.
SE CORTAREM TODAS AS ÁRVORES,
ONDE É QUE OS PÁSSAROS VÃO MORAR?

SE ESTE RIO FOSSE MEU,
EU NÃO DEIXAVA POLUIR.
JOGUEM ESGOTOS NOUTRA PARTE,
QUE OS PEIXES MORAM AQUI.

SE ESTE MUNDO FOSSE MEU,
EU FAZIA TANTAS MUDANÇAS
QUE ELE SERIA UM PARAÍSO
DE BICHOS, PLANTAS E CRIANÇAS.

ESSE POEMA DE JOSÉ PAULO PAES FOI RETIRADO DO LIVRO **POESIA FORA DA ESTANTE**. 7. ED. PORTO ALEGRE: PROJETO, 2000. P. 113.

Camila de Godoy/Arquivo da editora

LEITURA DE IMAGEM

LIXO QUE NÃO VAI PARA O LIXO

AS CIDADES PRODUZEM MUITO LIXO. SERÁ QUE O PLANETA TEM LUGAR PARA TANTO LIXO? O QUE ACONTECE COM O LIXO QUE PRODUZIMOS?

ALGUMAS PESSOAS, PREOCUPADAS COM O FUTURO DO PLANETA, JÁ DESCOBRIRAM QUE É POSSÍVEL REUTILIZAR ALGUNS MATERIAIS.

OBSERVE

Bruno Kelly/A Crítica/Folhapress

ESCULTURA DE PEIXES FEITA COM GARRAFAS PLÁSTICAS DESCARTADAS. PRAIA DO BOTAFOGO, NO RIO DE JANEIRO. FOTO DE 2012.

ANALISE

1. O QUE VOCÊ OBSERVA NA IMAGEM?

2. DE QUE MATERIAL SÃO FEITAS AS PEÇAS MOSTRADAS NA IMAGEM?

3. DE ONDE VOCÊ IMAGINA QUE SAÍRAM ESSES MATERIAIS?

4. DEPOIS DE MONTADA DESSA FORMA, VOCÊ DIRIA QUE A PEÇA FOTOGRAFADA AINDA É LIXO OU PASSOU A SER ARTE? EXPLIQUE SUA RESPOSTA.

5. O QUE APARECE AO FUNDO DA IMAGEM?

6. O SEGUNDO PEIXE PARECE DO TAMANHO DE UMA DAS MONTANHAS. ELE REALMENTE É DO TAMANHO DA MONTANHA?

RELACIONE

7. AO OBSERVAR A IMAGEM, VOCÊ VIU QUE OBJETOS QUE NÃO SERVEM PARA UMAS PESSOAS PODEM SERVIR PARA OUTRAS.

A) OBSERVE ESTA IMAGEM. O QUE IMAGINA QUE ESTÁ SENDO FEITO?

Reprodução/<http://www.taringa.net/>

B) VOCÊ CONHECE OUTRAS FORMAS DE REAPROVEITAR MATERIAIS? QUAIS? DESENHE-AS NUMA FOLHA À PARTE E ESCREVA ABAIXO DE CADA DESENHO O NOME DO MATERIAL QUE FOI REAPROVEITADO.

RECREIO

APRENDENDO A RECICLAR

VOCÊ SABE QUE MUITAS COISAS QUE JOGAMOS NO LIXO PODEM SER REAPROVEITADAS. É PRECISO SEPARAR O LIXO PARA AJUDAR NO SEU REAPROVEITAMENTO.

VAMOS CONSTRUIR CAIXAS PARA SEPARAR O LIXO RECICLÁVEL.

MATERIAL

- 5 CAIXAS DE SAPATO PEQUENAS
- 1 FOLHA DE PAPEL VERMELHO
- 1 FOLHA DE PAPEL VERDE
- 1 FOLHA DE PAPEL AZUL
- 1 FOLHA DE PAPEL AMARELO
- 1 FOLHA DE PAPEL BRANCO
- CANETA HIDROCOR PRETA
- COLA BRANCA OU FITA ADESIVA
- SÍMBOLOS DO **MATERIAL COMPLEMENTAR**
- FICHAS DO **MATERIAL COMPLEMENTAR**

COMO FAZER

1. ENCAPE CADA CAIXA DE SAPATO COM UMA COR DE PAPEL.

2. ESCREVA EM CADA CAIXA O TIPO DE LIXO A QUE SE DESTINA:

- NA CAIXA VERMELHA, ESCREVA **PLÁSTICO**;
- NA CAIXA VERDE, ESCREVA **VIDRO**;
- NA CAIXA AZUL, ESCREVA **PAPEL**;
- NA CAIXA AMARELA, ESCREVA **METAL**;
- NA CAIXA BRANCA, ESCREVA **NÃO RECICLÁVEL**.

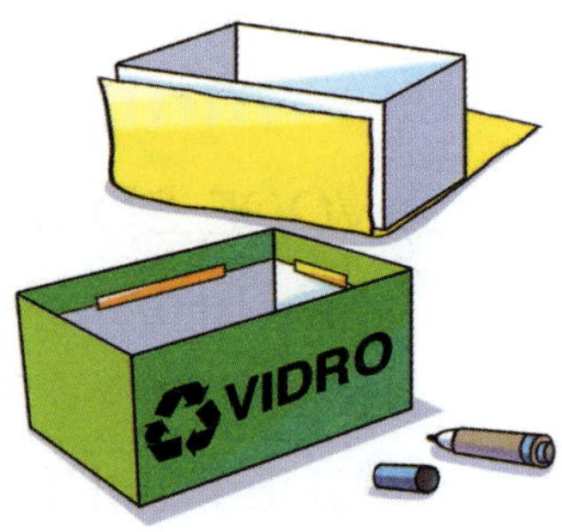

Ilustrações: Ilustra Cartoon/Arquivo da editora

3. COLE O SÍMBOLO DE CADA MATERIAL NA SUA CAIXA. OS SÍMBOLOS ESTÃO NO **MATERIAL COMPLEMENTAR**.

4. COLOQUE AS FICHAS DO **MATERIAL COMPLEMENTAR** NAS CAIXAS CORRESPONDENTES.

Ilustrações: Ilustra Cartoon/Arquivo da editora

5. COMPARE SUAS ESCOLHAS COM AS DOS COLEGAS.

LER E ENTENDER

VOCÊ JÁ LEU OU OUVIU DICAS DE PRESERVAÇÃO AMBIENTAL? ONDE? LEMBRA-SE DE ALGUMA?

LEIA AS DICAS A SEGUIR, QUE EXPLICAM COMO PODEMOS CONTRIBUIR PARA A QUALIDADE DAS ÁGUAS. ELAS FORAM ELABORADAS PELO MINISTÉRIO PÚBLICO FEDERAL, UMA INSTITUIÇÃO QUE CUIDA DOS DIREITOS DOS BRASILEIROS.

ACOMPANHE A LEITURA DO PROFESSOR.

E SER AMIGO DA ÁGUA É...

- Fechar a torneira enquanto se escova os dentes ou se faz a barba...
- Tomar banhos rápidos...
- Só usar a máquina de lavar quando ela estiver cheia...
- Varrer a calçada com a vassoura e não com a mangueira...
- Lavar o carro utilizando balde...
- Regar o jardim quando o sol estiver mais fraco (no início da manhã ou no fim da tarde)...
- Verificar se não existem vazamentos...
- Reutilizar as chamadas "águas cinzas", que são água das pias, do chuveiro, da máquina de lavar (essas águas podem receber um tratamento bem simples e servirem para molhar o jardim, lavar o carro e a calçada)...
- Armazenar a água da chuva para esse mesmo fim...
- Tratar as águas utilizadas nas indústrias para que também possam ser reutilizadas...
- Cuidar e até recuperar áreas de nascentes, replantando árvores ao redor delas...
- Cuidar dos rios, lagos e lagoas e recuperar também as suas margens, replantando árvores...
- Parar de cimentar nossos quintais, para que a água possa se infiltrar, completando o seu ciclo...
- Preferir alimentos orgânicos, que são produzidos sem pesticidas e adubos químicos...
- Fazer a coleta seletiva para evitar que o lixo vá parar nos rios e lagos...

14

CARTILHA DO PROJETO AMIGOS DA ÁGUA, PÁGINA 14. DISPONÍVEL EM: <www.amigosdofuturo.org.br/Cartilha_Ser_Amigo_da_Agua.pdf>. ACESSO EM: 3 MAI. 2016.

ANALISE

1. QUAL É O OBJETIVO DESSE TEXTO?

☐ ORIENTAR OS LEITORES A DESPERDIÇAR ÁGUA.

☐ ORIENTAR OS LEITORES SOBRE COMO AGIR PARA PRESERVAR A ÁGUA.

2. DE ACORDO COM O QUE LEU, PINTE DE [verde] AS AÇÕES DE UM AMIGO DA ÁGUA:

☐ DESPERDIÇA ÁGUA.

☐ EVITA BANHOS DEMORADOS.

☐ REAPROVEITA A ÁGUA DO BANHO PARA LAVAR A CALÇADA.

☐ JOGA LIXO NO CHÃO.

☐ REGA O JARDIM COM O SOL FORTE.

RELACIONE

3. QUAIS DAS AÇÕES A SEGUIR VOCÊ E SUA FAMÍLIA COSTUMAM PRATICAR PARA AJUDAR O MEIO AMBIENTE?

☐ ANDAR DE BICICLETA.

☐ REAPROVEITAR MATERIAIS OU OBJETOS.

☐ FAZER COLETA SELETIVA DE LIXO.

☐ JOGAR LIXO NO CHÃO.

☐ EVITAR GASTAR MUITA ÁGUA.

4. EM GRUPO, FAÇA UMA LISTA DE DICAS PARA CUIDAR DO MEIO AMBIENTE NA ESCOLA. AFIXE-A NA SALA.

O QUE APRENDI?

É HORA DE RETOMAR TODAS AS DISCUSSÕES REALIZADAS E ORGANIZAR O QUE VIMOS SOBRE O AMBIENTE E A CONSERVAÇÃO DELE.

1. OBSERVE NOVAMENTE A IMAGEM DE ABERTURA DESTA UNIDADE.

Camila de Godoy/Arquivo da editora

A) CONVERSE COM OS COLEGAS SOBRE AS PERGUNTAS DA ABERTURA, LEMBRANDO-SE DO QUE DISCUTIRAM NOS CAPÍTULOS TRABALHADOS.

B) CIRCULE COM UMA CANETA AZUL A ÁREA COM CONSTRUÇÕES URBANAS. DEPOIS, CIRCULE COM UMA CANETA VERMELHA A ÁREA EM QUE PREDOMINA A NATUREZA. QUAL DELAS É MAIOR?

2. PREENCHA O QUADRO ABAIXO COM OS SERES VIVOS PRESENTES NOS AMBIENTES DA IMAGEM DE ABERTURA.

AMBIENTE AQUÁTICO	AMBIENTE TERRESTRE

3. RECORTE AS CARINHAS DO **MATERIAL COMPLEMENTAR** E COLE NO QUADRO ABAIXO PARA INDICAR COMO FOI REALIZAR ALGUMAS ATIVIDADES DA UNIDADE.

ATIVIDADES	FIZ A ATIVIDADE COM CAPRICHO	COMPREENDI BEM	FIQUEI COM DÚVIDAS
CAPÍTULO 10 ATIVIDADES DA PÁGINA 110, ENVOLVENDO A QUESTÃO DO SOLO			
CAPÍTULO 11 ATIVIDADES DAS PÁGINAS 116 E 117, SOBRE AS DIFERENTES PAISAGENS			
CAPÍTULO 12 ATIVIDADES DAS PÁGINAS 129 E 130, SOBRE AS ESTAÇÕES DO ANO			

- CONTE AOS COLEGAS E AO PROFESSOR O QUE VOCÊ GOSTARIA DE SABER MAIS E O QUE ACHA QUE APRENDEU MELHOR.

4. ESTA É UMA REPRODUÇÃO DE UMA PARTE DA PAISAGEM DA PÁGINA 144 SEM COLORIR.

A) PINTE A PAISAGEM COM AS CORES DE SUA PREFERÊNCIA;

B) DESENHE VOCÊ E SEUS AMIGOS NA PAISAGEM;

C) DESENHE FRUTAS OU FLORES NAS ÁRVORES. DESENHE TAMBÉM ANIMAIS DE SUA PREFERÊNCIA;

D) SE QUISER, COLE RECORTES DE REVISTAS OU JORNAIS DE OUTROS ELEMENTOS QUE PODERIAM FAZER PARTE DESSA PAISAGEM.

Camila de Godoy/Arquivo da editora

PARA SABER MAIS

LIVROS

Reprodução/Editora Positivo

TEM PENAS OU TEM PELOS?, DE BEATRIZ HELENA DE ASSIS PEREIRA. CURITIBA: POSITIVO, 2014.

UMA CRIANÇA TENTA ADIVINHAR QUAL É O ANIMALZINHO PRESTES A CHEGAR A SUA CASA: ELE TEM ASAS? TEM PELOS? ELE VIVE NA ÁGUA OU SABE VOAR? VAMOS TENTAR ADIVINHAR TAMBÉM?

QUE BICHO ESTÁ NO VERSO?, DE ADRIANO MESSIAS. CURITIBA: POSITIVO, 2012.

UM LIVRO COM ILUSTRAÇÕES E ADIVINHAS SOBRE ANIMAIS. O LEITOR É CONVIDADO A DIZER QUAL ANIMAL APARECE EM CADA ADIVINHA. AS RESPOSTAS ESTÃO NO VERSO DAS PÁGINAS.

Reprodução/Editora Positivo

Reprodução/Editora Positivo

CURUMIM, TIAGO HAKIY. CURITIBA: POSITIVO, 2014.

VAMOS CONHECER AS ATIVIDADES DO JOVEM INDÍGENA SATERÉ-MAWÉ? ELE ADORA BRINCAR, ANDAR PELAS MATAS, OBSERVAR AS ÁRVORES E PESCAR NOS RIOS.

JUNTA, SEPARA E GUARDA, DE VERA LÚCIA DIAS. SÃO PAULO: CALLIS, 2010.

UM MENINO E SUA FAMÍLIA ESTÃO SE MUDANDO PARA OUTRA CIDADE. POR ISSO, ELE AJUDA SUA MÃE A ARRUMAR AS COISAS DA CASA PARA FAZER A MUDANÇA. COM ESSA ATIVIDADE, ELE ENTENDE O VALOR DA ORGANIZAÇÃO EM SUA MORADIA.

Reprodução/Editora Callis

Reprodução/Editora Mundo Mirim

A CASA INTERMINÁVEL, DE MARTÍN BLASCO. SÃO PAULO: MUNDO MIRIM, 2012.

OS IRMÃOS LOLA E YAFAR DECIDEM CONSTRUIR UMA CASA. ELA, PORÉM, NÃO SERIA UMA CASA COMUM: SERIA TÃO DIFERENTE QUE TERIA UMA BIBLIOTECA EMBAIXO DA ÁGUA E UM ANDAR SÓ PARA BICHINHOS DE ESTIMAÇÃO. COMO SERÁ QUE A CASA VAI FICAR?

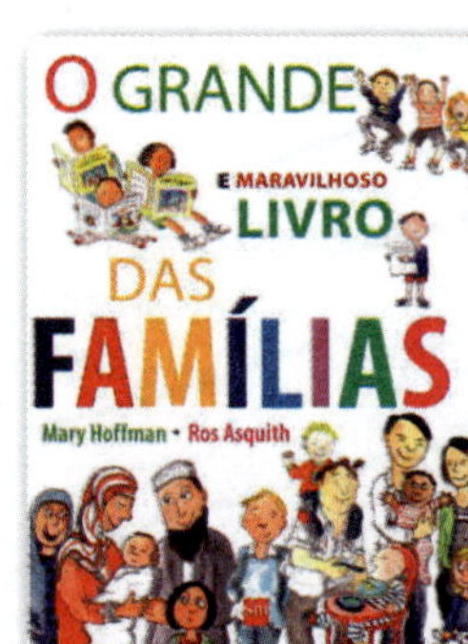

Reprodução/Edições SM

O GRANDE E MARAVILHOSO LIVRO DAS FAMÍLIAS, DE MARY HOFFMAN E ROS ASQUITH. SÃO PAULO: EDIÇÕES SM, 2011.

ESTE LIVRO APRESENTA MUITOS TIPOS DE FAMÍLIA. AFINAL, CADA FAMÍLIA TEM O SEU JEITO!

Reprodução/Editora Companhia das Letrinhas

SOLTEI O PUM NA ESCOLA!, DE BLANDINA FRANCO. SÃO PAULO: COMPANHIA DAS LETRINHAS, 2012.

O CACHORRO PUM VAI VISITAR A ESCOLA DO SEU DONO. DEPOIS DE CHEGAR E DE FICAR QUIETINHO, PUM SAIU CORRENDO PELA ESCOLA! SERÁ QUE AS CRIANÇAS VÃO CONSEGUIR IR ATRÁS DE PUM?

EU GRANDE VOCÊ PEQUENININHO, DE LILLI L'ARRONGE. SÃO PAULO: COMPANHIA DAS LETRINHAS, 2015.

O LIVRO MOSTRA COMO UM PAI E UM FILHO SE RELACIONAM. AO CONHECERMOS O DIA A DIA E AS BRINCADEIRAS DOS DOIS, PERCEBEMOS QUE ENTRE O PAI (GRANDE) E O FILHO (PEQUENININHO) HÁ MUITO APRENDIZADO E COMPANHEIRISMO.

Reprodução/Editora Companhia das Letrinhas

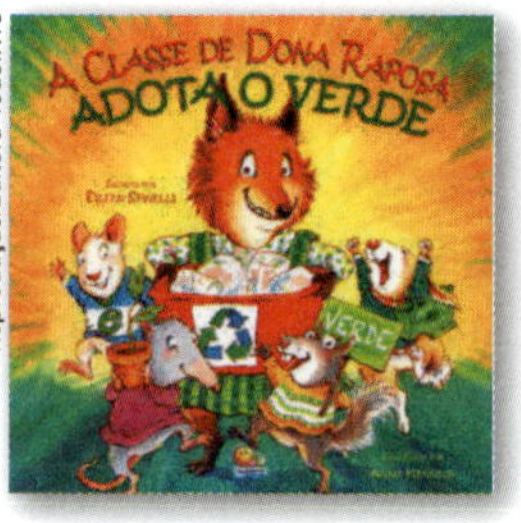

Reprodução/Editora Todolivro

A CLASSE DE DONA RAPOSA ADOTA O VERDE, DE EILEEN SPINELLI. BLUMENAU: TODOLIVRO, 2012.

DONA RAPOSA É UMA PROFESSORA MUITO DEDICADA. UM BELO DIA, ELA CHEGOU À ESCOLA DE BICICLETA. SEUS ALUNOS ESTRANHARAM E ELA EXPLICOU: ELA ESTAVA ANDANDO DE BICICLETA PORQUE COMEÇOU A ADOTAR O VERDE, OU SEJA, PASSOU A ADOTAR ATITUDES DE PRESERVAÇÃO DA NATUREZA! INFLUENCIADOS PELA PROFESSORA, OS ALUNOS TAMBÉM ADOTAM O VERDE.

COMO... DIZER AS HORAS, DE GRAHAM ROSS. SÃO PAULO: GAUDÍ EDITORIAL, 2015.

COM ESTE LIVRO, VOCÊ VAI APRENDER A LER AS HORAS E AINDA VAI CONHECER AS ATIVIDADES QUE MAXY, UM RATINHO MUITO SIMPÁTICO, REALIZA TODOS OS DIAS. É POSSÍVEL MOVER OS PONTEIROS DE UM RELÓGIO EM UMA DAS PÁGINAS, PARA PRATICAR A LEITURA DAS HORAS, E ATÉ CONSTRUIR SEU PRÓPRIO RELÓGIO.

Reprodução/Editora Gaudí

Reprodução/Editora Moderna

O QUE É QUE TEM NO SEU QUINTAL?, DE BIA VILLELA. SÃO PAULO: MODERNA, 2014.

UM QUINTAL É O ESPAÇO IDEAL PARA AS MAIS DIFERENTES BRINCADEIRAS. SERÁ QUE NO QUINTAL TEM ÁRVORE, BICHOS, BAGUNÇA? VENHA DESCOBRIR!

BENEDITO, DE JOSIAS MARINHO. SÃO PAULO: CARAMELO, 2014.

BENEDITO É UM MENINO QUE DESCOBRE O RITMO DO TAMBOR. NESSA AVENTURA, ELE PASSA A CONHECER TAMBÉM A BATIDA DO TAMBOR DA CONGADA, FESTEJADA POR SEUS FAMILIARES MAIS VELHOS.

Reprodução/Editora Caramelo

Reprodução/Editora Mundo Mirim

TEM TREM NA LINHA, DE RITA NASSER. SÃO PAULO: MUNDO MIRIM, 2010.

VAMOS VIAJAR NESSE TREM! DA JANELA PODEMOS VER PAISAGENS, CORES E SOMBRAS. PODEMOS OBSERVAR AS NUVENS, OUVIR PASSARINHOS E O BARULHO DA CHUVA.

VIAJANDO DE AVIÃO, DE PIERRE WINTERS. SÃO PAULO: BRINQUE BOOK, 2013.

UM LIVRO IMPORTANTE PARA QUEM QUER SABER TUDO SOBRE AVIÕES. VOCÊ VAI DESCOBRIR COMO É UM AVIÃO POR DENTRO E POR FORA, VAI CONHECER OS PROFISSIONAIS QUE TRABALHAM NOS VOOS E MUITO MAIS.

Reprodução/Editora Brinque Book

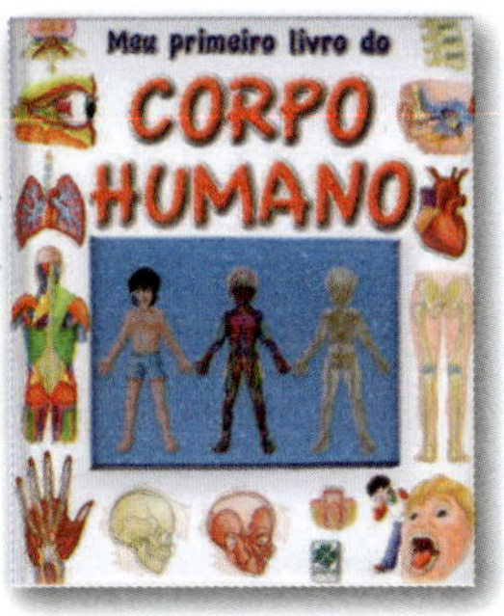

Reprodução/Editora Zada

MEU PRIMEIRO LIVRO DO CORPO HUMANO. BARUERI: ZADA EDITORA, 2014.

ESTE LIVRO EXPLICA, PARA AS CRIANÇAS, COMO O CORPO HUMANO FUNCIONA. COM MUITAS ILUSTRAÇÕES E LINGUAGEM SIMPLES, VOCÊ VAI APRENDER DE MANEIRA DIVERTIDA.

O LIVRO DOS PORQUÊS: O CORPO HUMANO, DE KATIE DAYNES. SÃO PAULO: USBORNE, 2014.

SUAS CURIOSIDADES A RESPEITO DO CORPO HUMANO SERÃO RESOLVIDAS! APRESENTANDO PERGUNTAS E RESPOSTAS, QUE APARECEM QUANDO O LEITOR ABRE UMA "JANELA" EM CADA PÁGINA, A OBRA EXPLICA MUITA COISA A RESPEITO DO NOSSO CORPO.

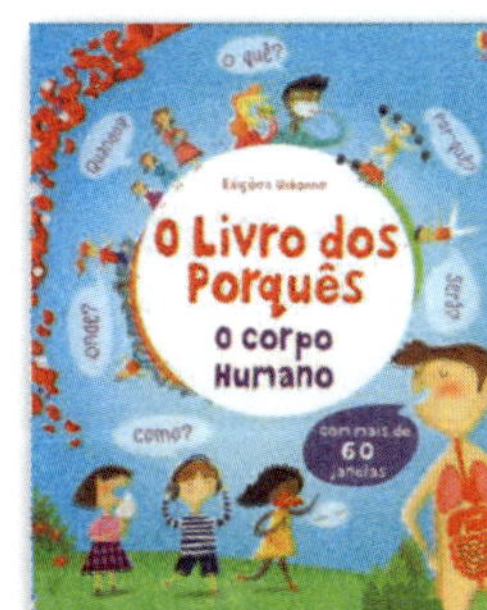

Reprodução/Editora Usborne

Reprodução/Panda Books

ELEFANTE TOMA BANHO NA BANHEIRA?, DE FRED EHRLICH. SÃO PAULO: PANDA BOOKS, 2008.

COM ESTE LIVRO VOCÊ VAI DESCOBRIR AS DIFERENÇAS E SEMELHANÇAS ENTRE ANIMAIS E SERES HUMANOS. VAI CONHECER OS HÁBITOS DE HIGIENE DE ALGUNS ANIMAIS E O JEITO DE VIVER DE CADA UM DELES.

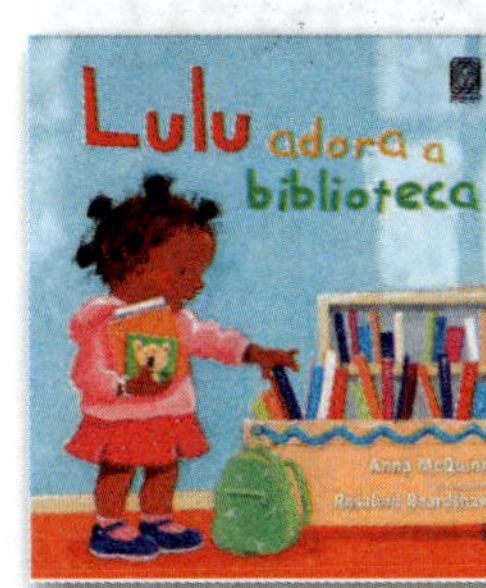

Reprodução/Editora Pallas

LULU ADORA A BIBLIOTECA, DE ANNA MCQUINN. RIO DE JANEIRO: PALLAS, 2012.

A MENINA LULU ADORA LIVROS. ELA SEMPRE VISITA A BIBLIOTECA PERTO DE SUA CASA. COM OS LIVROS, ELA VIAJA POR MUITAS HISTÓRIAS E ATÉ CONSEGUE FAZER NOVAS AMIZADES!

CD

Reprodução/Tratore

BICHOS DE CÁ (CD), DE NHAMBUZIM. TRATORE, 2015.

CD DO GRUPO NHAMBUZIM, DEDICADO ÀS CRIANÇAS. AS MÚSICAS MISTURAM FOLCLORE E NATUREZA. CADA ANIMAL RECEBEU UMA CANÇÃO, E CADA MÚSICA É TOCADA NO RITMO CARACTERÍSTICO DA REGIÃO EM QUE O ANIMAL VIVE.

VÍDEOS

Reprodução/Melhoramentos

PARA OS PEQUENOS, MARISTELA LOUREIRO E ANA TATIT. MELHORAMENTOS, 2015. (COLEÇÃO BRINCO E CANTO).

ESTE VOLUME DA COLEÇÃO BRINCO E CANTO APRESENTA 43 BRINCADEIRAS, COMO BRINCADEIRA DE RODA, DE MÍMICA E DE CRIAÇÃO DE VERSOS. O LIVRO TRAZ UM CD COM MÚSICAS INTERPRETADAS POR DIVERSOS ARTISTAS E UM DVD COM VÁRIAS BRINCADEIRAS.

BITA E OS ANIMAIS (DVD), DE MUNDO BITA. SONY/BMG, 2014.

UM DVD REPLETO DE CANÇÕES E DESENHOS ANIMADOS SOBRE OS ANIMAIS E A NATUREZA. UMA DIVERSÃO PARA TODAS AS IDADES.

Reprodução/Sony

Reprodução/Universal

CASA DE BRINQUEDOS (DVD), DE TOQUINHO E VÁRIOS ARTISTAS. UNIVERSAL, 2011.

ESTE DVD APRESENTA CANÇÕES INFANTIS INTERPRETADAS POR VÁRIOS ARTISTAS BRASILEIROS.

SITE

EMBRAPA – BRINQUE COM CIÊNCIA

<http://ccw.sct.embrapa.br/?pg=brinque_com_ciencia>
ESTE *SITE* TRAZ MUITOS JOGOS PARA AS CRIANÇAS APRENDEREM SOBRE NATUREZA, ANIMAIS, ALIMENTAÇÃO SAUDÁVEL E MUITO MAIS!

ACESSO EM: 26 ABR. 2016.

Reprodução/<http://ccw.sct.embrapa.br/?pg=brinque_com_ciencia>

BIBLIOGRAFIA

ALVES, RUBEM. *CONVERSAS COM QUEM GOSTA DE ENSINAR*. SÃO PAULO: PAPIRUS, 1991.

ANTUNES, A. DO R.; MENANDRO, H. F.; PAGANELLI, T. L. *ESTUDOS SOCIAIS*: TEORIA E PRÁTICA. RIO DE JANEIRO: ACCESS, 1993.

ARRUDA, J. J. DE A. *ATLAS HISTÓRICO BÁSICO*. SÃO PAULO: ÁTICA, 2006.

BITTENCOURT, CIRCE (ORG.). *O SABER HISTÓRICO NA SALA DE AULA*. SÃO PAULO: CONTEXTO, 1997.

BOFF, LEONARDO. *SUSTENTABILIDADE*: O QUE É E O QUE NÃO É. PETRÓPOLIS: VOZES, 2011.

BORGES, VAVY PACHECO. *O QUE É HISTÓRIA*. SÃO PAULO: BRASILIENSE, 1980.

BRASIL. MINISTÉRIO DA EDUCAÇÃO. SECRETARIA DE EDUCAÇÃO FUNDAMENTAL. *PARÂMETROS CURRICULARES NACIONAIS*: HISTÓRIA, GEOGRAFIA. BRASÍLIA: MEC/SEF, 1997.

______. MINISTÉRIO DA EDUCAÇÃO. SECRETARIA DE EDUCAÇÃO BÁSICA. ENSINO FUNDAMENTAL DE NOVE ANOS. *ORIENTAÇÕES PARA A INCLUSÃO DA CRIANÇA DE 6 ANOS DE IDADE*. BRASÍLIA: MEC/SEF, 2007.

CABRINI, CONCEIÇÃO ET AL. *O ENSINO DE HISTÓRIA*: REVISÃO URGENTE. SÃO PAULO: BRASILIENSE, 1987.

CARVALHO, ANNA MARIA (ORG.). *ENSINO DE CIÊNCIAS*: UNINDO A PESQUISA E A PRÁTICA. SÃO PAULO: THOMSON PIONEIRA, 2004.

CARVALHO, P. *225 POVOS INDÍGENAS NO BRASIL (2001-2005)*. SÃO PAULO: INSTITUTO SOCIOAMBIENTAL, 2006.

COLL, CÉSAR. *APRENDENDO CIÊNCIAS*. SÃO PAULO: ÁTICA, 2000.

______; TEBEROSKY, ANA. *APRENDENDO HISTÓRIA E GEOGRAFIA*. SÃO PAULO: ÁTICA, 2000.

CONSELHO INDIGENISTA MISSIONÁRIO (CIMI). *HISTÓRIA DOS POVOS INDÍGENAS*: 500 ANOS DE LUTA NO BRASIL. PETRÓPOLIS: VOZES, 1984.

DOHME, VANIA D'ANGELO. *32 IDEIAS DIVERTIDAS QUE AUXILIAM O APRENDIZADO*. SÃO PAULO: INFORMAL EDITORA, 1998.

FARIA, VITÓRIA; SALLES, FÁTIMA. *CURRÍCULO NA EDUCAÇÃO INFANTIL*: DIÁLOGO COM OS DEMAIS ELEMENTOS DA PROPOSTA PEDAGÓGICA. SÃO PAULO: ÁTICA, 2012.

FAZENDA, IVANI (ORG.). *DIDÁTICA E INTERDISCIPLINARIDADE*. CAMPINAS: PAPIRUS, 1995.

KARNAL, LEANDRO (ORG.). *HISTÓRIA NA SALA DE AULA*: CONCEITOS, PRÁTICAS E PROPOSTAS. SÃO PAULO: CONTEXTO, 2003.

LEONARD, ANNIE. *A HISTÓRIA DAS COISAS*: DA NATUREZA AO LIXO – O QUE ACONTECE COM TUDO QUE CONSUMIMOS. RIO DE JANEIRO: ZAHAR, 2007.

NIKITIUK, SONIA (ORG.). *REPENSANDO O ENSINO DE HISTÓRIA*. SÃO PAULO: CORTEZ, 1996.

NUNES, CARLOS ALBERTO. *METODOLOGIA DE ENSINO*: GEOGRAFIA E HISTÓRIA. BELO HORIZONTE: LÊ, 1997.

NUNES, CÉSAR; SILVA, EDNA. *A EDUCAÇÃO SEXUAL DA CRIANÇA*. CAMPINAS: AUTORES ASSOCIADOS, 2006.

PRIORI, M. D. *HISTÓRIA DAS CRIANÇAS NO BRASIL*. 6. ED. SÃO PAULO: CONTEXTO, 2007.

SANTOS, MILTON. *A URBANIZAÇÃO BRASILEIRA*. SÃO PAULO: EDUSP, 2008.

SCHMIDT, MARIA AUXILIADORA; CAINELLI, MARLENE. *ENSINAR A HISTÓRIA*. SÃO PAULO: SCIPIONE, 2004.

Mousebox/Arquivo da editora

MEU NOME É ______________________________

____

MINHA MÚSICA PREFERIDA É ______________________________

____

GOSTO DA COR ______________________________

ADORO CHEIRO DE ______________________________

____

SINTO CÓCEGAS ______________________________

MINHA COMIDA PREDILETA É ______________________________

____

MEU BICHO PREFERIDO É ______________________________

____

GOSTO MUITO DE BRINCAR DE ______________________________

____

____

COMO MONTAR O DADO: DESTAQUE A FIGURA E COLE AS LATERAIS DE ACORDO COM A INDICAÇÃO.

DOBRE

COLE

DADO MONTADO:

COMO MARCAR AS HORAS: DESTAQUE OS PONTEIROS E COLOQUE-OS NA POSIÇÃO DESEJADA.

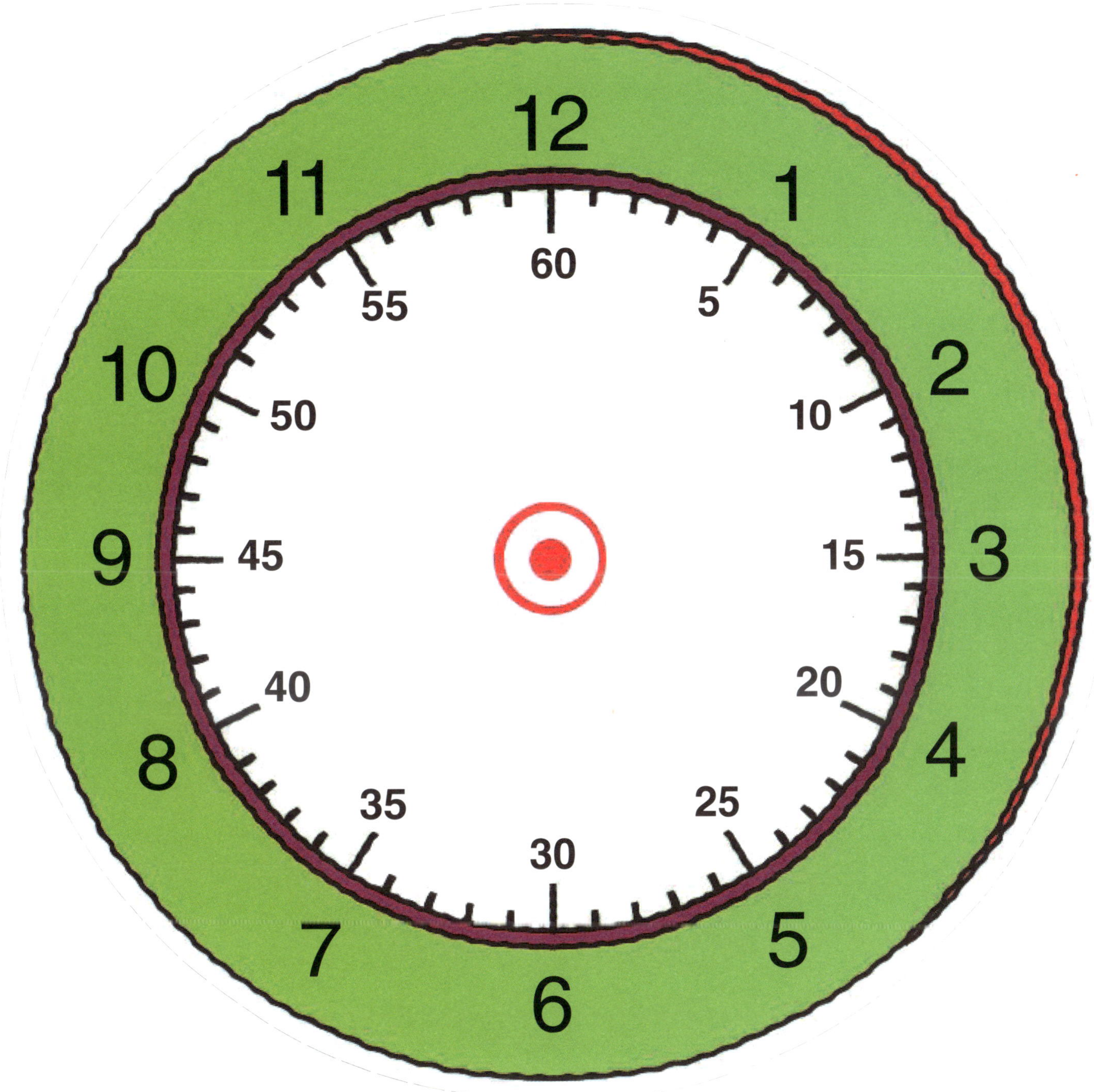

Camila de Godoy/Arquivo da editora

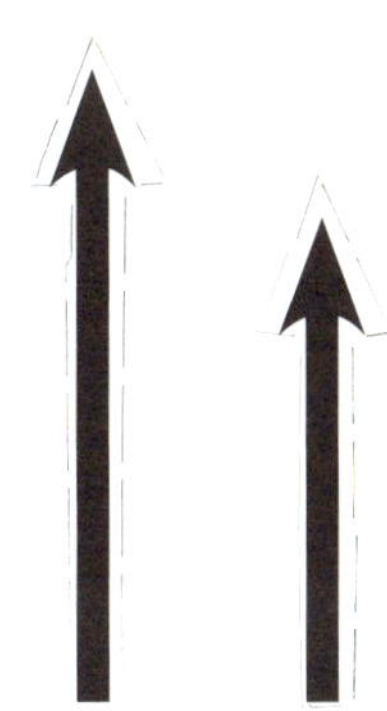

DESTAQUE A FIGURA.

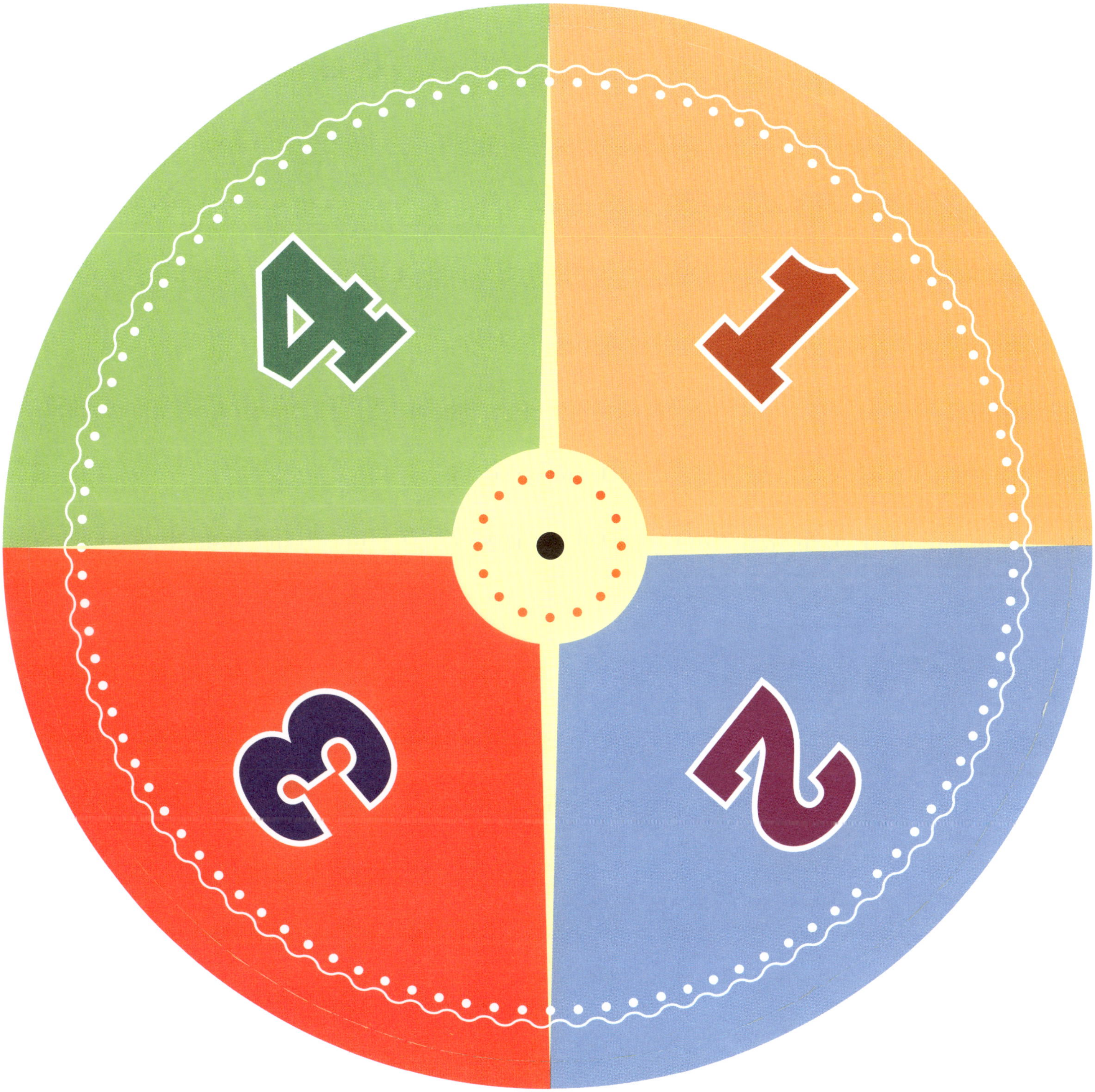

DESTAQUE AS PEÇAS E MONTE O QUEBRA-CABEÇA.

DESTAQUE AS PEÇAS E MONTE O QUEBRA-CABEÇA.

Mousebox/Arquivo da editora

VOCÊ VAI PRECISAR DE COLA.

DESTAQUE, DOBRE E COLE COMO INDICADO.

ATIVIDADE DA PÁGINA 128 DO LIVRO

DOBRE

COLE

COLE

JOGO DA MEMÓRIA

ESTE JOGO CONTÉM: 32 FICHAS.

NÚMERO DE PARTICIPANTES: 2 OU 3.

REGRAS DO JOGO:

- EMBARALHE AS FICHAS COM AS FIGURAS VOLTADAS PARA BAIXO E AS ESPALHE.
- QUEM COMEÇA O JOGO VIRA UMA FICHA E DEPOIS OUTRA. SE FORMAREM UM PAR DE FIGURAS, O JOGADOR FICA COM ELAS E VIRA MAIS DUAS FICHAS. SE NÃO FORMAREM PAR, DEVEM SER COLOCADAS NO MESMO LUGAR, COM AS FIGURAS VOLTADAS PARA BAIXO.
- O PRÓXIMO JOGADOR CONTINUA DA MESMA MANEIRA, ATÉ TODAS AS FICHAS SEREM RECOLHIDAS.
- VENCE O JOGO QUEM TIVER O MAIOR NÚMERO DE PARES.

COLE

ESTE JOGO PERTENCE A: ____________________

Mousebox/Arquivo da editora

DESTAQUE AS FICHAS.

Ilustrações: Mousebox/Arquivo da editora

DESTAQUE AS FICHAS.

LATA DE REFRIGERANTE

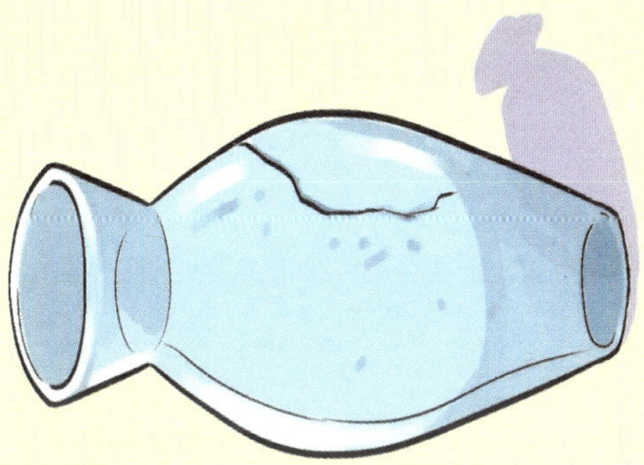

VASO

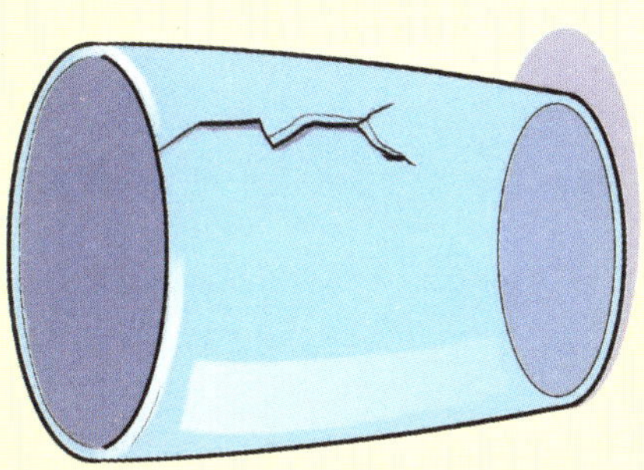

COPO

ABRIDOR DE GARRAFA

LUPA

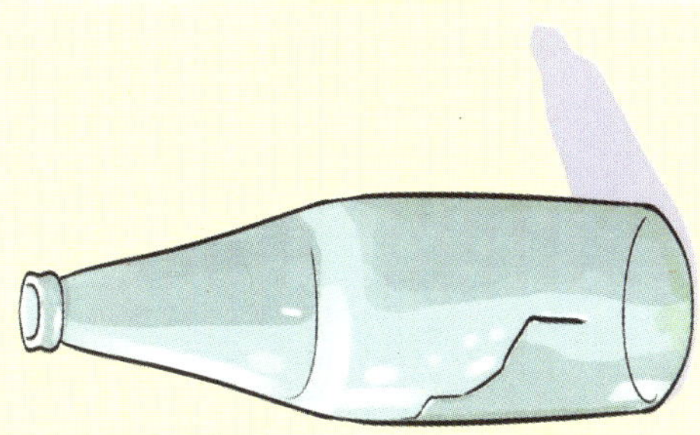

GARRAFA

Ilustrações: Ilustra Cartoon/Arquivo da editora

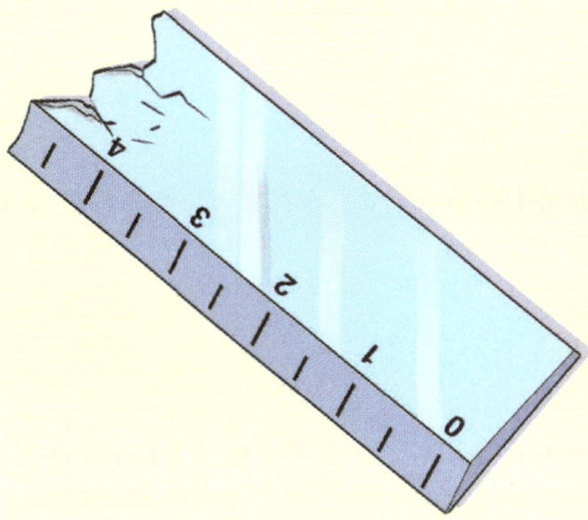
RÉGUA

REVISTAS E EMBALAGENS DE PAPEL

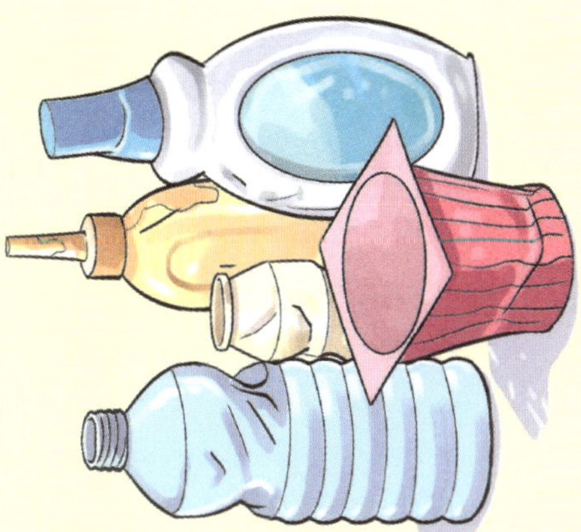
POTES PLÁSTICOS

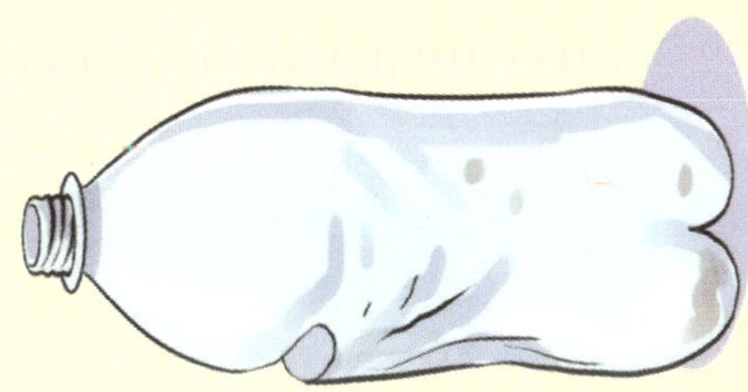
GARRAFA PET

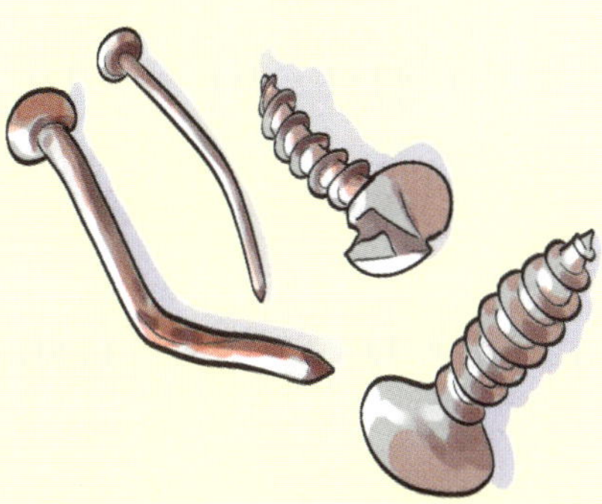
PREGOS/ PARAFUSOS

EMBALAGEM DE PRESENTE

Ilustrações: Ilustra Cartoon/Arquivo da editora

Ilustrações: Ilustra Cartoon/Arquivo da editora

CAIXA DE OVOS VAZIA

ENVELOPES

JORNAL

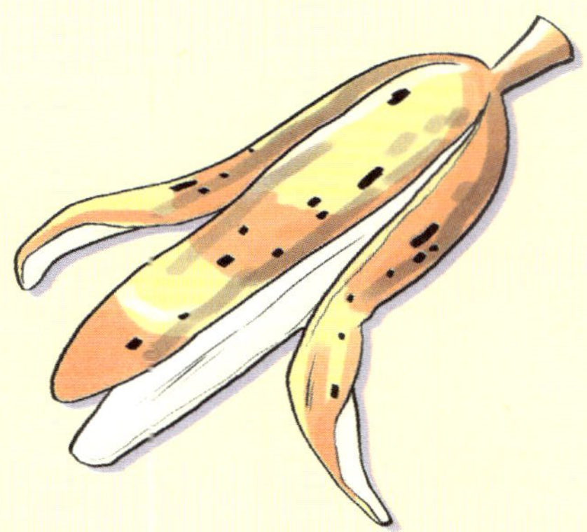

CASCA DE BANANA

GUARDANAPO SUJO

ADESIVOS PARA A ATIVIDADE DA PÁGINA 28 DO LIVRO

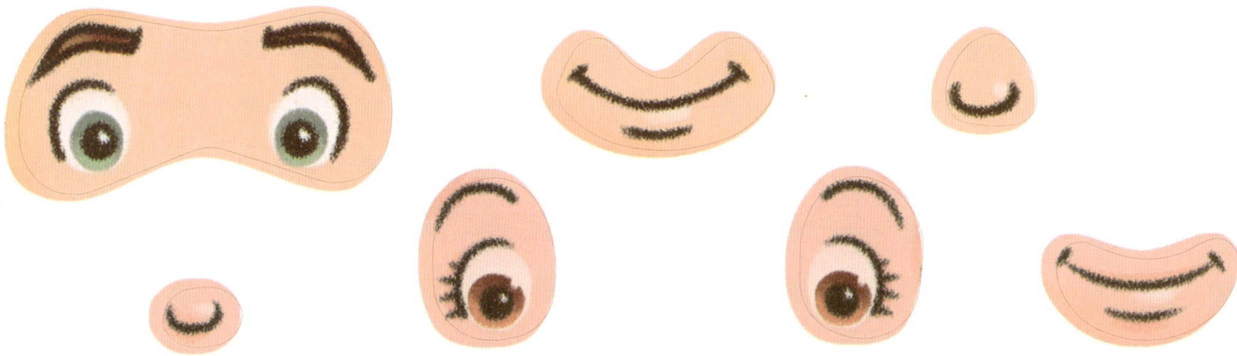

Ilustrações: Jorge Zaiba/Arquivo da editora

ADESIVOS PARA A ATIVIDADE DA PÁGINA 38 DO LIVRO

ADESIVOS PARA A ATIVIDADE DA PÁGINA 53 DO LIVRO

Ilustrações: Camila de Godoy/Arquivo da editora

ADESIVOS PARA AS ATIVIDADES DAS PÁGINAS 43, 77, 105 E 145 DO LIVRO

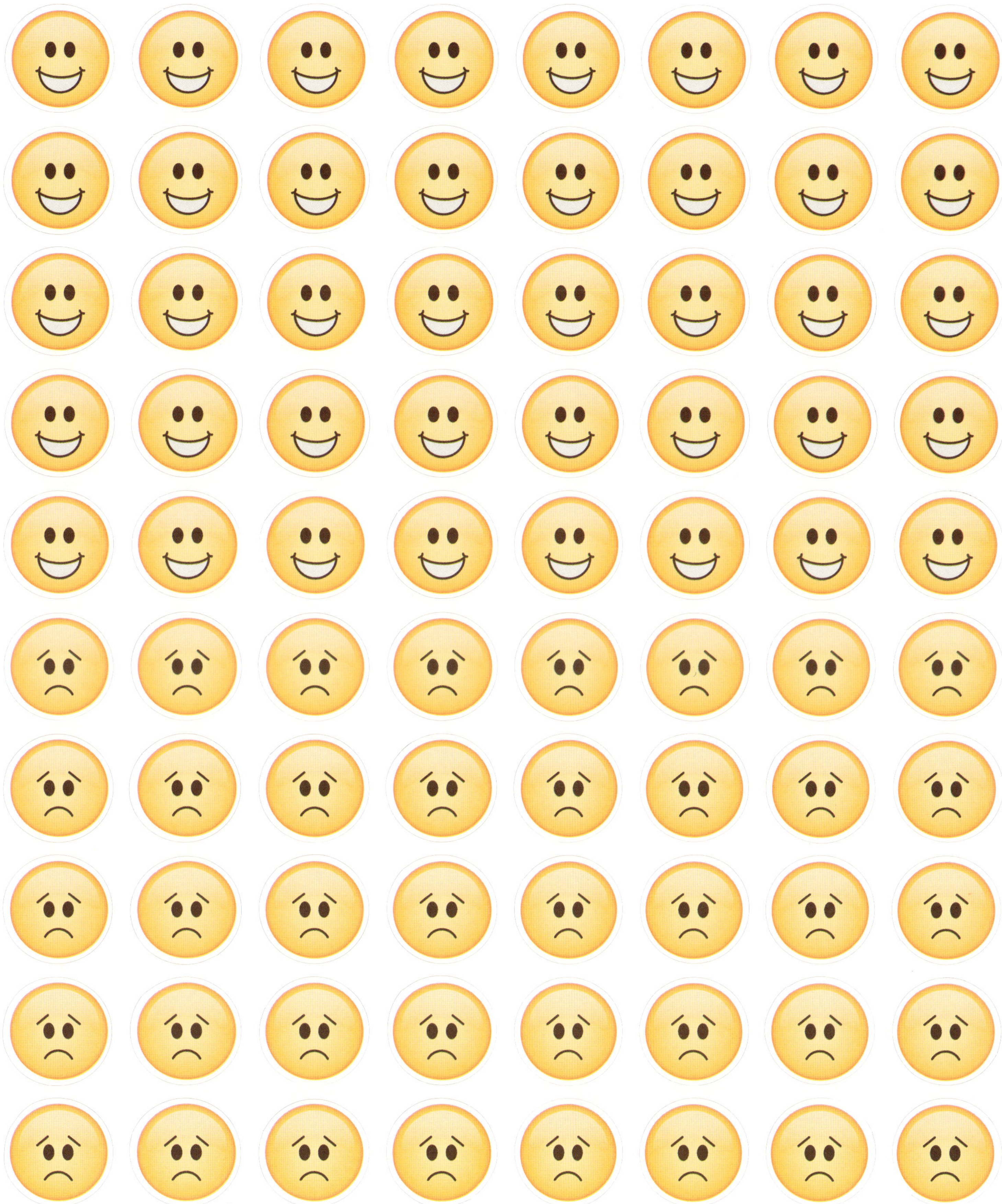

Ilustrações: Banco de imagens/Arquivo da editora

ADESIVOS PARA A ATIVIDADE DA PÁGINA 57 DO LIVRO

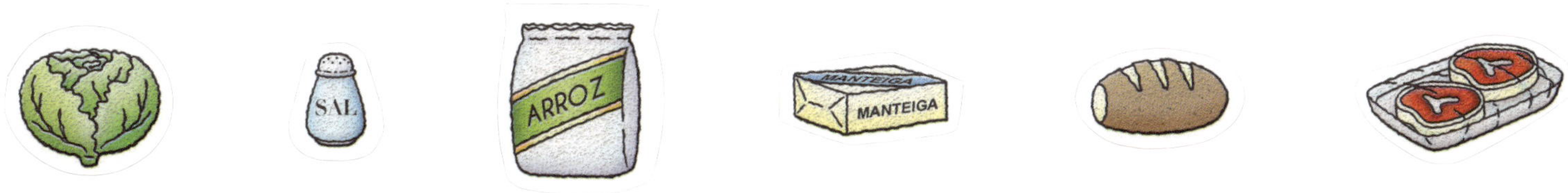

Ilustrações: Camila de Godoy/Arquivo da editora

ADESIVOS PARA A ATIVIDADE DA PÁGINA 60 DO LIVRO

Ilustrações: Camila de Godoy/Arquivo da editora

ADESIVOS PARA A ATIVIDADE DA PÁGINA 84 DO LIVRO

Ilustrações: Camila de Godoy/Arquivo da editora

ADESIVOS PARA A ATIVIDADE DA PÁGINA 90 DO LIVRO

Ilustrações: Camila de Godoy/Arquivo da editora

ADESIVOS PARA A ATIVIDADE DA PÁGINA 109 DO LIVRO

Ilustrações: Jorge Zaíba/Arquivo da editora

ADESIVOS PARA A ATIVIDADE DA PÁGINA 113 DO LIVRO

Anekoho/Shutterstock/Glow Images

Daniel Augusto Jr./Pulsar Imagens

Vgstudio/Shutterstock/Glow Images

Semmick Photo/Shutterstock/Glow Images

ADESIVOS PARA A ATIVIDADE DA PÁGINA 131 DO LIVRO

Ilustrações: Camila de Godoy/Arquivo da editora

ADESIVOS PARA A ATIVIDADE DA PÁGINA 134 DO LIVRO

André Dib/Pulsar Imagens

Marcos Amend/Pulsar Imagens

Marcos Amend/Pulsar Imagens

ADESIVOS PARA A ATIVIDADE DA PÁGINA 140 DO LIVRO

Roman Sotola/Shutterstock